JARDINES URBANOS

JARDINES URBANOS

ANDI CLEVELY

FOTOGRAFÍAS DE
STEVEN WOOSTER

BLUME

BLUME

Título original:
City Gardens

Traducción:
Remedios Diéguez Diéguez

Revisión científica y técnica de la
edición en lengua española:
Teresa Casasayas Fornell
Doctora en Ciencias Biológicas
Especialista en Botánica
Profesora de la Escuela de Jardinería
Rubió i Tudurí, Barcelona
Profesora del Máster en Arquitectura
del Paisaje, Escuela de Arquitectura,
Universidad Politécnica de Cataluña

Coordinación de la edición
en lengua española:
Cristina Rodríguez Fischer

Primera edición
en lengua española 2008

© 2008 Naturart, S.A.
Editado por Blume
Av. Mare de Déu de Lorda, 20
08034 Barcelona
Tel. 93 205 40 00 Fax 93 205 14 41
E-mail: info@blume.net
© 2006 Frances Lincoln, Ltd, Londres
© 2006 del texto Andi Clevely
© 2006 de las fotografías
Steven Wooster

I.S.B.N.: 978-84-8076-759-0

Impreso en Singapur

CONSULTE EL CATÁLOGO
DE PUBLICACIONES ON LINE
WWW.BLUME.NET

Los jardines urbanos ofrecen
privacidad de distintas maneras: por
ejemplo, como un espacio personal
(página 1); a modo de retiro con un
muro en el que trepa una enredadera
(página 2), o como un lugar íntimo en
el que comer, oculto de las miradas
(derecha).

CONTENIDO

INTRODUCCIÓN

Los jardines urbanos son lugares muy especiales. Si se consideran de manera independiente, cada uno es un espacio personal al aire libre, un refugio muy preciado, rodeado de un entorno densamente edificado, un rincón propio para utilizar, disfrutar y adornar en función de las necesidades o las preferencias. En conjunto, forman un mosaico verde, vital y extenso en un paisaje que, no obstante, resulta duro e intransigente, donde la naturaleza puede parecer muy lejana.

Descritos en los folletos inmobiliarios con la anodina y distante expresión «jardín anexo», las parcelas urbanas pueden presentar cualquier forma o tamaño: desde el césped y la sombra moteada que produce un árbol en muchos jardines del extrarradio hasta los lechos diminutos, los balcones mínimos o los patios en azoteas del centro urbano. A pesar de su diversidad, todos comparten las condiciones características que impone la ciudad.

Espacios para desaparecer

Valorados desde las civilizaciones más antiguas como refugios privados y oasis, fuentes de paz o inspiración, estos focos de follaje y aire puro son hoy un importante componente en los actuales esfuerzos por introducir un elemento ecológico en las ciudades y lograr que la vida en ellas sea más sana y más agradable. Sin embargo, los jardines urbanos son también un recurso amenazado. Cada vez se construyen menos viviendas con jardines privados porque los proyectistas se ven sometidos a una presión considerable para incrementar la densidad de inmuebles; lo más habitual es crear jardines y zonas de juego comunitarias.

Aunque se agradece un espacio verde y siempre es mejor que no disponer de nada, apenas satisfacen las necesidades de los residentes que desean un refugio privado al aire libre o que buscan la posibilidad de practicar la jardinería activa.

Los jardines traseros están desapareciendo progresivamente, ya que las ampliaciones, las nuevas construcciones y las superficies duras ocupan cada vez más espacio. Los jardines delanteros se transforman en espacios para aparcar el automóvil, ya que hacerlo en la calle resulta cada vez más difícil.

Actualmente, en muchos lugares, los jardines se rediseñan como «instalaciones industriales abandonadas», lo que aumenta su vulnerabilidad ante el desarrollo y dificulta que los urbanistas rechacen las solicitudes de construcción.

La erosión implacable de los espacios abiertos hace que menos de un tercio de terreno en muchas ciudades alberguen vegetación en comparación con las más de tres cuartas partes de las afueras.

Los entornos urbanos crean un microclima ideal en el que plantas tropicales como las cannas y el ricino (*Ricinus*) florecen durante casi todo el año (página 6). En otros casos (derecha) albergan una mezcla de arbustos, trepadoras, plantas acuáticas y herbáceas que forman un exuberante oasis secreto.

Irónicamente, los jardines urbanos albergan una diversidad de vida silvestre mucho más rica que la mayoría de los campos que las leyes urbanísticas tienen bajo su protección. Una población sorprendentemente numerosa y variada de aves, mamíferos y otras criaturas se ha establecido en las ciudades, aunque su seguridad suele ser escasa y merecen toda la hospitalidad que los terrenos urbanos pueden ofrecer. Para muchas aves, los jardines han dejado de ser un extra opcional para convertirse en un recurso vital.

Ventajas y retos

Ante la desaparición de tanto espacio verde, resulta crucial conservar y cuidar las zonas que quedan e incluso ampliarlas mediante el uso de elementos como azoteas, muros y laterales de los edificios para cultivar plantas e introducir un poco más de naturaleza en las zonas densamente pobladas. Tanto las personas como la flora y la fauna saldrían beneficiados.

Los amantes de la jardinería apreciarán el espacio del que dispongan, con independencia de su tamaño y su situación.

Además, han aprendido a convertir las dificultades de la jardinería en la ciudad en ventajas. El conocido efecto de «isla de calor» en las zonas urbanas garantiza unas temperaturas más suaves; en general, las precipitaciones son más abundantes y las plantas muestran una maravillosa

Los elementos esenciales de los grandes jardines –plantas, pavimentación, agua e incluso césped– coexisten sin estridencias en este pequeño terreno urbano, que aporta un toque de delicadeza, paz y exuberancia al entorno.

vitalidad. Así, incluso los esfuerzos más modestos para cuidar de los jardines pueden ejercer gran impacto en entornos yermos.

Las personas que no se dedican a la jardinería también agradecen un espacio al aire libre a modo de remanso de paz y antídoto contra el estrés del trabajo o el calor y el ruido de las calles.

Por tanto, atrévase a superar aparentes obstáculos como, por ejemplo, la falta de espacio o de privacidad, el ruido del tráfico o un entorno poco amable (como se explica en este libro, existen muchas soluciones para minimizar estas influencias) y descubra los valores, las ventajas y las oportunidades que ofrece el mundo urbano, más cálido y abrigado.

Lejos de suponer una limitación, el espacio reducido propicia la atención más directa y satisfactoria a un número de plantas más limitado, pero también más apreciado; por ejemplo, especies inusuales, exóticas o extravagantes que no sobrevivirían en un entorno menos privilegiado. Las superficies verticales y las azoteas pueden convertirse en zonas de cultivo potenciales que aportarán un toque natural al entorno, mejorarán el microclima local y contrarrestarán los molestos efectos de la contaminación. En un espacio reducido también es posible cultivar hortalizas durante todo el año.

En resumen, un jardín en un entorno urbano puede resultar tan satisfactorio y absorbente como en cualquier otra ubicación. Además, ofrece numerosas oportunidades para disfrutar, trabajar y jugar al aire libre, tanto si se trata de una pequeña parcela verde encantadoramente caótica como de un refugio relajante o de una tarima privada para pasar el rato, comer y compartir momentos con la familia.

El jardín cerrado

El típico jardín monástico medieval era pequeño, cuadrado o rectangular, y estaba delimitado en sus cuatro lados por los altos muros del monasterio. El conjunto transmitía una sensación de paz y seguridad al jardín cerrado u *hortus conclusus*. Los parterres elevados bordeados de paneles y terrazas alrededor de los lados albergaban una colección de plantas. Los muros ocultaban a frutales guiados, las plantas aromáticas perfumaban el aire y atraían a abejas y mariposas, un banco en un rincón favorecía la contemplación en silencio, y, en ocasiones, los parterres estaban divididos por pequeños canales de agua poblada de peces y para regar. Podría ser el modelo perfecto de un jardín urbano moderno.

1

EXAMINAR el JARDÍN URBANO

Infravalorado por algunos y desprestigiado por otros –desconocedores de sus cualidades únicas–, los jardines urbanos son, en realidad, espacios de gran valor que aportan aire puro en medio de la ciudad. Explore el carácter único de su espacio, ya sea una jardinera en una ventana, un patio cerrado o un jardín delantero «simbólico» en una calle con mucho movimiento, y empiece a descubrir su capacidad de convertirse en una fuente de relajación, cambios estacionales y belleza natural en un entorno artificial.

OBSERVAR EL ESPACIO

Observe su jardín con mucha atención y considere sus cualidades y sus carencias. Quizá lo perciba todo de un solo vistazo o bien necesite más tiempo para investigar los rincones ocultos. Si lleva un tiempo en la vivienda en cuestión, ya estará familiarizado con algunas de las maravillas y los inconvenientes del jardín, pero siempre merece la pena tener en cuenta las posibilidades

de mejorar (por ejemplo, superando las ideas convencionales). Si no conoce el jardín, tendrá que estudiarlo con más detenimiento desde todos los ángulos (literalmente: sitúese en un extremo y estudie su aspecto; mire hacia arriba, porque las influencias y las oportunidades también proceden de ahí, no sólo de las propiedades adyacentes; estudie también la vista que se percibe desde las ventanas de la casa). Evalúe lo que tiene y empiece a anotar las ideas que se le vayan ocurriendo

sobre los cambios que le gustaría introducir y que
resulten factibles.

Observe los elementos más llamativos: por ejemplo,
un desnivel, una vista determinada, paredes o árboles altos,
o tal vez un espacio con aire abandonado y listo
para ser trabajado.

¿Necesita todos los elementos que ve? ¿Podría
adaptarlos, restaurarlos o trasladarlos, o sería más sencillo
limpiar completamente el terreno y empezar desde cero?

Dado que las ciudades son principalmente lugares de trabajo,
no es de extrañar que los jardines urbanos hagan hincapié
en el descanso y la renovación. Una azotea (superior y página 12)
con plantas sitúa la relajación en el tiempo de ocio en un
lugar destacado frente a la rutina diaria.

Los materiales naturales, como unos guijarros y agua en movimiento, acompañados de algunas plantas en macetas, son capaces de transformar un rincón «sobrante» entre edificios, estéril y poco prometedor, en un sugerente patio. La iluminación discreta permite disfrutar del espacio incluso por la noche.

Recuerde que en los espacios cerrados la acumulación resulta agobiante, que menos puede ser siempre más: en este caso más espacio y más aire.

Estudie el ambiente del jardín. Un terreno ya establecido podría beneficiarse de más luz o más sombra; tal vez parezca oscuro o poco acogedor, o pequeño y estéril, si sólo cuenta con césped u hormigón en toda su extensión. Se trata de su territorio, y en él se verá reflejada su personalidad: todo lo que lo desea crear debe funcionar a la perfección (a menos que el espacio no sea un problema), y su estudio merece tanta atención como cualquier otra estancia de la casa.

Evalúe las influencias por fuera. Es posible que los vecinos de los lados o de pisos superiores le vean. Los edificios anexos o los setos podrían ensombrecer parte o todo el jardín. Los jardines en azoteas o balcones transmiten la sensación de encontrarse desagradablemente expuestos a los elementos, aunque la vista resulte espectacular.

Si su jardín se encuentra en un terreno en una hondonada, ¿dominan la oscuridad y el musgo, puede ver gran parte del cielo y es importante conservar o realzar esa perspectiva? Los jardines delanteros cumplen objetivos diversos: proporcionan a la casa un entorno, la protegen de miradas ajenas y aportan seguridad, o se convierten en una zona para aparcar el automóvil. ¿Se sentiría incómodo ante la obligación de cuidar un jardín así con regularidad o prefiere un límite pasivo y fácil de mantener entre la casa y la calle?

Sopese aspectos prácticos como el acceso cómodo desde la calle y a todos los puntos del jardín. Por ejemplo, quizá tenga que desplazar una carretilla o pasar con un carrito de bebé.

Los placeres de la vida al aire libre son muchos y variados: este rincón cerrado se ha convertido en un patio entarimado con una bañera de hidromasaje, una pérgola de madera y una espaldera para trepadoras, además de varias perennes y plantas de temporada.

¿Debe tener en cuenta a otros miembros de su familia y sus respectivos intereses y actividades? ¿Está dispuesto a realizar tareas de jardinería cotidianas, o el mantenimiento mínimo es una prioridad para usted?

Familiarícese con su jardín

Dedique el tiempo necesario a mirar a su alrededor y familiarizarse con su jardín. Deje que sus pensamientos y sus reacciones se «sedimenten»: un cambio de clima o de estado de ánimo podría alterar las primeras impresiones de manera espectacular. Trace un plan que evolucione de manera gradual; no sea demasiado dogmático ni introduzca un exceso de detalles en esta etapa. En el capítulo 2 se sugieren algunas estrategias para adaptar y reinventar lo que ya se tiene, y es importante permanecer receptivos a las ideas antes de emprender cambios significativos. Si la inspiración flojea, siempre puede consultar a un profesional especializado en diseñar jardines urbanos.

LUGARES ESPECIALES

Aunque se da por sentado que un jardín es un espacio abierto accesible y cultivable, en la ciudad puede limitarse a un patio con el suelo de hormigón, una azotea por encima de los edificios adyacentes o una colección de macetas, cestas colgantes y jardineras de ventana en un pequeño balcón. A pesar de las aparentes limitaciones de las opciones urbanas, todas ofrecen muchas posibilidades.

Patios En ocasiones no son más que un espacio «sobrante» entre edificios, pero los patios pueden convertirse en importantes fuentes de luz en entornos sombríos y en trampas de calor durante gran parte del año. Dependiendo del estilo y del suelo es posible que tenga que añadir algo más que plantas para aportar color, luz y el mobiliario adecuado, y convertirlo así en el rincón perfecto para comer o relajarse. Coloque algunas plantas vistosas en macetas grandes o prepare parterres elevados extensos para satisfacer su aspiración de practicar la jardinería. Reserve franjas de suelo para posibles plantas en un futuro. Si la superficie del suelo se encuentra en mal estado, tal vez necesite alquilar una azada mecánica para reducirla a escombros y empezar desde cero.

Jardines en azoteas Se trata de una interesante alternativa con vistas espectaculares, pero también con unas condiciones más duras (a menos que se disponga de cierta protección de muros). La exposición extrema le obligará a instalar algún tipo de pantalla contra el sol y el viento. Las plantas deben seleccionarse por su tolerancia a la sequía, y casi siempre se impone su cultivo en macetas,

Los pasillos, los patios y los jardines con superficies sólidas ofrecen oportunidades únicas para ser creativo y utilizar colores atrevidos, obras de arte o plantas colocadas estratégicamente. Además, materiales para suelos como el ladrillo, los conglomerados, las baldosas y las teselas proporcionan mucho juego.

que deberían ser ligeras y estables (como el resto del mobiliario del jardín). Compruebe *siempre* la estabilidad estructural de los elementos antes de añadir un peso considerable. Una azotea bien planificada puede proporcionarnos intimidad y protección, placer visual y beneficios ambientales que van más allá de los propios límites del jardín.

Balcones Elemento habitual en numerosas viviendas, el balcón comparte muchas de las características de las azoteas, aunque la orientación cobra mayor importancia. Las plantas se cultivan en macetas colocadas sobre el suelo del balcón o sujetas a las paredes y las barandas. En muchos casos se dispone de espacio para unas mesas y unas sillas, e incluso para una pequeña fuente o una colección de flores silvestres. Por otro lado, la falta de espacio en el suelo podría limitar las opciones a un jardín en miniatura para disfrutar de su vista desde el interior de la vivienda. Un jardín en un balcón, además, puede convertirse en un elemento positivo para el vecindario si redefine y realza el aspecto del edificio al que pertenece (sobre todo si se cultivan trepadoras en superficies adyacentes). Para los balcones se aplican las mismas precauciones sobre la fuerza estructural que en las azoteas.

Terreno en hondonada En muchos casos puede parecer que los terrenos bajos no invitan a su cultivo. Algunos están en sombra permanente y con aire frío y húmedo que se aloja persistentemente bajo las corrientes que circulan. Si dispone de un espacio así, recupérelo con colores intensos o cálidos, materiales reflectantes y una iluminación discreta. Es preciso que las especies escogidas prefieran sombra

Jardín en varios niveles pensado para todas las estaciones del año y para todo tipo de actividades. Dispone de espaciosas zonas para comer y descansar, un pequeño, pero agradable césped para celebrar juegos y reuniones, un cenador en un rincón y una selección de plantas poco exigentes, pero atractivas, como contrapunto a los edificios de los alrededores.

Algunas consideraciones básicas

En el espacio del que dispone, ¿desea cultivar plantas, disfrutar del aire libre o simplemente disponer de un espacio abierto para descansar (o una combinación de estas tres actividades)?

¿Realmente le apasiona la jardinería, o le bastaría con algunas macetas fáciles de cuidar y, tal vez, algún elemento acuático?

¿Su vecindario dispone de instalaciones al aire libre (un parque o pequeños terrenos para cultivar hortalizas, por ejemplo)?

¿Su propiedad se encuentra sujeta a algún tipo de limitación (sobre plantar árboles, instalar vallas o encender barbacoas, por ejemplo)?

¿Hay algún punto concreto que deba tener en cuenta (por ejemplo, niños pequeños y sus juguetes, discapacitados y la necesidad de un acceso cómodo, o espacio para aparcar)?

Si su presupuesto es ajustado, ¿puede permitirse hacer reformas, o bien posee las habilidades necesarias para no tener que recurrir a nadie?

(muy numerosas; *véase* pág. 94), aunque también se puede optar por variedades menos tolerantes a esa situación si tiene la posibilidad de colocar macetas en escaleras o sujetas a las paredes, más cerca de la luz del sol. Tenga en cuenta las heladas en invierno y disfrute de su rincón verde y fresco en verano.

Jardín comunitario Algunas urbanizaciones ofrecen una zona común en lugar de jardines privados. Puede resultar difícil conectar con un terreno compartido de césped segado y árboles plantados de manera formal, e incluso existen terrenos sujetos a restricciones por cuestiones de uniformidad. No obstante, hay casos en que los residentes pueden organizarse y cultivar una parcela

especialmente reservada. Por lo general, el reglamento no es tan estricto con los jardines situados en la parte trasera de la propiedad.

Si no existe otra opción, tal vez pueda colocar cestas, macetas y jardineras cerca de su vivienda y alquilar una parcela para los proyectos más ambiciosos.

CUESTIÓN DE ESCALA

Aunque la mayoría de los habitantes de las ciudades disponen de un espacio al aire libre minúsculo, no hay por qué desanimarse: existen ventajas para equilibrar los evidentes inconvenientes. Con frecuencia, cuanto menos

prometedor parece un terreno, mayor es la satisfacción que se obtiene al conseguir un espacio especial y personal. El tamaño apenas guarda relación con la calidad, tal como han demostrado numerosos jardineros al transformar un simple pedacito de terreno en un festival de jardinería a pequeña escala. Cuando el espacio es muy limitado hay que deshacerse de todo lo que no sirva; cada planta y cada elemento del jardín deben ganarse su permanencia y serán valorados por sus características únicas.

Es muy posible que no exista posibilidad de colocar muchas macetas, pero se trata de una opción adecuada para personas sin demasiado tiempo o que prefieren un mantenimiento rápido y sencillo.

Un viejo muro es una pieza que hay que conservar. Resulta tentador dejarlo expuesto en los puntos con mayor carácter, pero recuerde que esta solución puede intensificar la sensación de distancia (página anterior). Camuflado con plantas estratégicas cambia la escala del mismo jardín (superior).

Cuando explore por primera vez o reevalúe el espacio del que dispone, mantenga una actitud abierta sobre su potencial. Existen numerosas soluciones para ampliar (o reducir, si es eso lo que desea) las oportunidades que ofrece. Sea sincero y realista acerca de sus prioridades prácticas (*véase* recuadro, pág. 22), considere de cuánto tiempo y de cuántas energías o entusiasmo dispone realmente y compare estos elementos con la realidad de su terreno para ver en qué medida necesita simplificar o adaptar las cosas.

Estudie el potencial de su jardín desde diferentes puntos de vista. Por ejemplo, planifique las tres dimensiones y tenga en cuenta los diferentes niveles del suelo para crear la ilusión de que dispone de más espacio.

Dividir el jardín, por pequeño que resulte, en zonas independientes logra un efecto positivo similar, y lo mismo ocurre si se instala un pavimento que forme dibujos o una distribución inesperada. La subdivisión facilita el cuidado del jardín y añade interés visual.

Piense a lo grande. Las plantas o los arriates pequeños en jardines igualmente de tamaño reducido parecen pobres e insignificantes.

En cambio, unos cuantos especímenes vistosos sugieren abundancia y exuberancia. Del mismo modo, un solo arriate generoso será mucho más atractivo, además de maximizar el espacio disponible. Intente «engañar» a la vista con plantas arquitectónicas de gran tamaño, como palmeras, drácenas, formios, astelias, pitas, aralias o *Macleaya*.

Siempre que sea posible, disponga de un espacio multiusos: los muebles apilables o plegables permiten despejar la zona para jugar; los bancos con tapa proporcionan espacio para guardar objetos; los cerramientos para los cubos de basura o el compost pueden servir para sostener trepadoras o macetas colgadas.

Incluso es posible armonizar todo el diseño con el resto de elementos del vecindario –por ejemplo, el estilo arquitectónico, un árbol o una chimenea–, de manera que el jardín se funda visualmente con el paisaje general, al mismo tiempo que sigue siendo un espacio independiente.

EL MICROCLIMA DEL JARDÍN

Cada jardín posee su propio microclima o conjunto de condiciones ambientales, y especialmente en la ciudad, donde el entorno edificado puede proporcionar protección o provocar corrientes frías, sombra o sol reflejado. Los suelos duros absorben el calor de día y lo irradian por la noche.

Los efectos globales de las influencias del entorno pueden ser compatibles con la vida al aire libre en general y la jardinería en particular. El clima en los núcleos urbanos no sólo resulta considerablemente más suave que en las zonas rurales (se habla de «islas de calor» en referencia a la cúpula de aire caliente que se forma sobre ellos); además, los edificios y los muros actúan a modo de acumuladores de calor, es decir, irradian el suficiente calor para elevar las temperaturas hasta 6 °C por encima de las que se registran en las afueras.

Los propios edificios, junto con las paredes y los árboles, ralentizan o desvían los vientos, hecho que protege a los jardines de sus peores efectos, o bien los canalizan entre las estructuras y provocan ráfagas violentas y remolinos localmente turbulentos.

Los jardines más expuestos, así como los balcones, podrían necesitar protección permanente con plantas o pantallas frente a la fuerza del viento.

El aire caliente que se acumula en las ciudades contribuye a la formación de una nubosidad un 10 % superior a la de las zonas rurales. Combinada con la mayor densidad de partículas atmosféricas puede producir incluso un índice de pluviosidad un 30 % superior al del campo. Este hecho favorece el cultivo de plantas y enfría las superficies, pero también provoca problemas debido

Los jardineros más avezados sacan gran partido de los espacios reducidos al aprovechar las superficies verticales e incluso las dependencias exteriores como espacios de cultivo (inferior), y añaden macetas con plantas como estas suculentas (derecha) cuando en el suelo ya no hay espacio suficiente.

Los muros cubiertos de plantas y una selección de árboles
medianos protegen este jardín semiformal del viento y crean
un microclima protegido en el que el agapanto puede florecer
sin problemas y los aromas combinados de la lavanda y las rosas
impregnan el aire cálido.

Hacer frente a los vientos intensos

Instalar un deflector sólido casi siempre resulta
contraproducente, ya que obliga a las ráfagas
a desplazarse de manera imprevisible por encima.
La protección más eficaz contra el viento es una pantalla
parcialmente permeable, que filtra y resta intensidad
al viento en lugar de bloquearlo. Una franja de espaldera
de 30 centímetros de altura instalada en la parte
superior de los muros y las vallas existentes reducirá
su impacto. Los setos también pueden ser efectivos
(cuando hay espacio y no existe riesgo de que proyecten
una sombra no deseada), y no es necesario que sean
muy altos, ya que protegen a una distancia de hasta
diez veces su altura. Un seto o una valla de tela metálica
resistente revestido de trepadoras perennes y arbustos
guiados ocupa menos espacio y puede reducir la fuerza
del viento en un 75 %.

a las crecidas repentinas cuando se producen tormentas violentas.

Estas condiciones particulares, inmoderadas, pero en general benignas, pueden convertir la jardinería en la ciudad en una actividad estimulante que en muchos lugares se puede practicar al aire libre durante casi todo el año o buena parte de él. Además, el repertorio de plantas es muy amplio porque se pueden cultivar con éxito especies más termófilas.

PERMITIR EL PASO DE LUZ

La cantidad de luz que recibe un jardín urbano depende de su amplitud y de la altura de los elementos y estructuras que lo rodean (dentro o fuera).

Los niveles de luz adecuados son esenciales para el crecimiento sano de las plantas y, al mismo tiempo que para el bienestar personal, sobre todo en invierno (ya que se trata de una época en la que un jardín a ras de suelo podría no recibir nada de sol, y la falta prolongada de luz puede influir en los estados de ánimo). En función de la orientación, los jardines, las azoteas y los balcones grandes pueden disfrutar de luz durante todo el año. La orientación de un jardín, o incluso un muro determinado (cómo esté orientado) influyen en el microclima.

En el hemisferio norte, los jardines orientados al sur suelen ser soleados y, posiblemente, muy cálidos en verano. La orientación al norte aporta menos luminosidad, pero un agradable frescor en verano. Los jardines orientados al este reciben el sol de la mañana y algunos de los vientos más fríos, mientras que un jardín orientado al oeste recibirá más lluvia y unos vientos más suaves,

Plantas exóticas para un jardín sin heladas

La suavidad del clima urbano permite cultivar plantas exóticas con las que podrá crear un jardín de follaje y color exuberantes. Entre ellas figuran las siguientes: bananero (*Musa basjoo*), limpiatubos (*Callistemon*), ricino (*Ricinus communis*), drácenas, *Crinodendron*, palmitos (*Chamaerops humilis*), aralias (*Fatsia japonica*), *Hedychium*, nísperos (*Eriobotrya japonica*), helechos arbóreos (*Dicksonia antarctica*); trepadoras como pico de oro (*Clianthus*), *Lapageria* y *Cobaea scandens*, perenne en jardines urbanos, y árboles frutales como algarrobos, pistachos, olivos, chayoteros, nectarinos y kiwis.

Protegidos por los edificios y, al mismo tiempo que por el calor que irradia de las paredes y el suelo, los helechos arbóreos, el taro (*Alocasia*) y los cipreses (*Cupressus sempervirens*) disfrutan de una existencia agradable prácticamente sin ningún tipo de complicación.

además de facilitar la vista de la puesta de sol. La latitud, la época del año y la cantidad de sombra proyectada por los árboles y los edificios circundantes modifican los niveles de luminosidad.

La sombra tiene sus ventajas y también sus inconvenientes: crea un refugio fresco para huir del calor, sobre todo en las regiones más cálidas, pero, asimismo, puede mostrar una penumbra deprimente. Si lo desea, puede incrementar los niveles de sombra por medio de la instalación de pantallas, el cultivo de trepadoras y la plantación de árboles (*véase* pág. 98), a ser posible especies caducas, puesto que permiten el paso de una mayor luminosidad en invierno.

Las soluciones para moderar la sombra dependen de la fuente. Una opción consiste en restar altura a los setos y las vallas que acotan el jardín (sin riesgos para su papel como elementos de seguridad, contra el ruido o el viento). La poda menor puede convertir la oscuridad producida por los árboles en una agradable sombra moteada. Para reducir el exceso de sombra de los edificios cercanos, instale materiales reflectantes en los puntos donde puedan captar la luz (por ejemplo, paredes encaladas, espejos, elementos de agua en calma, plantas con la superficie brillante, un suelo claro o reflectante y acolchados a base de fragmentos de vidrio, metal molido o incluso caliza en polvo).

Elija una ubicación soleada agradable para los asientos, que deben poderse transportar con facilidad: a medida que el año avanza, el ángulo y la intensidad del sol van cambiando; en verano, el lugar elegido podría convertirse en un «horno». Seleccione las plantas que más le gusten y explote cada aspecto y la cantidad de luz o sombra a su alcance.

Poda para disponer de una mayor luminosidad

Los árboles que no se cuidan constituyen una fuente común de sombra no deseada. Existen soluciones que no suponen daño alguno para los ejemplares, pero antes de empezar cualquier trabajo conviene que hable con los vecinos, en el caso de que se encuentren afectados de algún modo. Además, asegúrese de que los árboles grandes y adultos no estén sujetos a alguna orden de protección (que sólo permite ciertos trabajos de mantenimiento o recuperación). No se arriesgue: contrate a un podador de árboles para cortar las ramas pesadas y toda la vegetación que haya alcanzado una altura excesiva.

Revise el árbol que molesta y planifique su estrategia: para aclarar la copa, corte todas las ramas principales de una en una, empezando en el punto donde el follaje es más denso. Valore el resultado antes de continuar. Elimine sólo hasta un tercio de la copa en un mismo año. Recorte las ramas excesivamente largas para conseguir una forma natural y equilibrada durante todo el año. Para elevar la copa y permitir el paso de más luz desde los lados, corte las ramas más bajas si se trata de un espécimen arbustivo. Los arbustos grandes demasiado crecidos, como los ceanotos, las budleyas y las magnolias, se pueden convertir en pequeños árboles si se utiliza la misma solución. Muchos árboles y arbustos caducifolios se pueden desmochar y cortar casi a ras de suelo, respectivamente; responden produciendo tallos vigorosos y abundantes (arbustos) o un follaje más atractivo que se puede ir eliminando para mantener la copa ligera. Árboles como el fresno, el roble, el avellano, la catalpa, la paulonia y el sauce se tratan de este modo cada cierto tiempo, mientras que los arbustos decorativos que admiten este tratamiento son, entre otros, el cornejo y el saúco ornamental.

Cuando necesite ocultar o disimular un entorno incómodo, intente conseguir altura y abundancia: los árboles al nivel de la vista o por encima (izquierda) captan la atención y sugieren tamaño y profusión; las trepadoras exuberantes pueden transformar un lugar descuidado en un refugio frondoso.

EL CONTEXTO MÁS AMPLIO

Practicar la jardinería en una ciudad implica, casi inevitablemente, vivir muy cerca de otras personas. Los vecinos se relacionan de maneras muy diversas. A algunos les gusta el ambiente de comunidad y trabajar al aire libre, aunque sea en un jardín delantero, y se relacionan con otros vecinos o incluso con los transeúntes. Para otros muchos, el jardín se considera un refugio, un lugar privado en el que poder relajarse y alejarse del mundo exterior, con sus obligaciones, su ruido y su bullicio. Es como una especie de paraíso personal.

Los edificios circundantes, las vallas y los setos pueden proporcionar aislamiento y evitar las miradas ajenas, pero no impiden que los vecinos de pisos superiores o de los lados vean su jardín.

Si lo que más ansía es el aislamiento, estudie las posibilidades que respeten la normativa local sobre altura y límites, molestias a los vecinos o problemas de sombras o corrientes de aire.

Las pantallas de plástico mate, las plantas tutoradas e incluso las persianas de bambú sirven para cerrar balcones y terrazas. Garantizan un ambiente de privacidad, además de filtrar o desviar el viento y el ruido. Las estructuras elevadas, como alambradas para las trepadoras y enredaderas, un porche de cristal mate o incluso un gran parasol, pueden proteger un pequeño espacio privado dentro del jardín.

Si decide plantar un seto, pruebe con plantas útiles (por ejemplo, cotoneaster, acebos, groselleros, agracejos y espinos): las especies espinosas ayudan a mantener a raya a los perros y a los intrusos, mientras que las que producen bayas atraen a los pájaros.

Cabe destacar que en muchas ciudades las alturas de los límites tienen tendencia a bajar: la tradicional valla de 1,8 metros puede parecer excesiva junto a un jardín diminuto, y los setos suelen estar regulados por las ordenanzas municipales. Esta tendencia puede resultar en algunos casos beneficiosa, ya que los límites más bajos todavía siguen protegiendo u ocultando el espacio privado, al mismo tiempo que integran el jardín como una unidad en la red de espacios verdes.

La interacción con los vecinos puede influir en los hábitos de jardinería, sobre todo en una comunidad culturalmente diversa en la que la elección de flores, especies y estilos puede derivar en una interesante jardinería «de fusión». Es posible que tenga que coordinar el uso de instalaciones compartidas, como una valla o un camino común, un árbol o una trepadora que penetra en el terreno adyacente. Además, algunas actividades familiares al aire libre, como, por ejemplo, la preparación de barbacoas o el uso de maquinaria de jardín, pueden suponer una molestia para los vecinos, de modo que deberá ser respetuoso e informarse sobre si les molesta de alguna manera.

CONTAMINACIÓN

Todos los jardines urbanos se hallan expuestos a una contaminación en muchos casos importante. Los humos industriales y domésticos de los años de posguerra han desaparecido en muchas ciudades para ser sustituidos por los humos fotoquímicos de los vehículos, por la contaminación lumínica provocada por la iluminación de las calles y las superficies reflectantes, así como por el ruido procedente de fuentes muy diversas.

Los jardines cerrados suelen estar protegidos de estas molestias, aunque no es fácil evitar el aire contaminado. Los jardines delanteros se encuentran más expuestos a estas influencias.

Las plantas también son unas buenas aliadas para contrarrestar la contaminación, sobre todo la provocada por las emisiones de gases y las partículas en suspensión.

Plantas contra el ruido de fondo

Contrarrestar los ruidos molestos con otros agradables resulta sorprendentemente eficaz. Los elementos de agua en movimiento permiten ajustar el «volumen» o producir sonidos más líricos; el follaje de muchas plantas crea una pantalla visual y un agradable murmullo cuando la brisa lo agita. Entre las especies útiles para este fin se encuentran bambúes como las formas no trepadoras de *Fargesia*, *Pleioblastus* y *Sasa*, espantalobos (*Colutea arborescens*), drácenas, higueras y cornejos americanos (*Cornus florida*), gramíneas como plumeros (*Cortaderia*) y *Miscanthus*; *Pinus bungeana*, el abedul de papel (*Betula papyrifera*), el formio y *Picea breweriana*.

Ejemplo de sencillez, este jardín minimalista dispone del mobiliario indispensable para disfrutar de un rincón íntimo sin estridencias. Una pantalla de pavés ofrece protección contra el ruido y los vientos fríos sin ocultar el frondoso paisaje verde del fondo.

Las hojas pueden filtrar hasta el 85 % de dichas partículas, que quedan atrapadas en los pelos hasta que la lluvia las arrastra hasta el suelo.

Los árboles son los filtradores más eficaces, y en especial los de hoja caduca: la caída anual se lleva los contaminantes al suelo y contribuye a su fertilidad. Además, atenúan los niveles de ruido gracias a sus propios sonidos relajantes, en especial en las frecuencias a las que el oído humano es más sensible.

Los setos de los bordes actúan a modo de filtros, suavizan la luz y, al mismo tiempo, impiden miradas indiscretas. Cubrir las paredes circundantes con enredaderas tiene los mismos efectos beneficiosos, y, por otro lado es posible atrapar hasta 6 gramos de polvo contaminante por metro cuadrado.

Cuando las partículas atrapadas llegan al suelo, se mezclan con él sin provocar ningún tipo de daño o bien son neutralizadas por las bacterias (evidentemente, siempre y cuando se mantenga un elevado nivel de humus; *véase* pág. 94).

EL TIPO DE SUELO

La enorme variedad de suelos para jardines en la ciudad es casi legendaria. Quizá tenga suerte y consiga un jardín que ya ha sido cuidado por un amante de las plantas durante años, pero también es posible que su terreno consista en escombros de construcción cubiertos por una capa de mantillo, o que herede un baldío con malas hierbas y tierra estéril, o incluso un montón de basura. Por suerte, con tiempo y cuidados, todos los suelos se recuperan. Si piensa cultivar plantas, debería familiarizarse con el tipo de

Formalismo en tres dimensiones (inferior): un seto bajo, unos árboles topiarios y unas trepadoras exuberantes encierran un patio embaldosado en diagonal. Cuando se mejoran y se enriquecen, los suelos urbanos son perfectamente capaces de albergar una comunidad variada de plantas informales de jardín (página siguiente).

suelo y su estado. Ante todo, lo primero es encontrar ese suelo. Si tiene que limpiar escombros, basura o una importante cantidad de malas hierbas, proceda siempre poco a poco: vivimos en una época de reciclaje, y lo que otras personas desechan podría resultarnos útil. Además, las malas hierbas son un componente básico del compost; hay que tener paciencia y convertirlas en un valioso elemento para la mejora del suelo (*véase* pág. 94). Si el jardín se encuentra cubierto con grava u otro tipo de material suelto y quiere cultivar plantas, es necesario retirar la cantidad suficiente a un lado para dejar el suelo expuesto.

Plantas contra la contaminación

En una ciudad muy densamente poblada puede haber hasta 12.000 partículas de polvo por litro de aire, frente a las 2.000 de un lugar con abundante vegetación. Entre los árboles y arbustos resistentes para la ciudad figuran los arces, las budleyas, las catalpas, los ceanotos, los cotoneaster, las escalonias, las verónicas, los acebos, las lluvias de oro (*Laburnum*), las lilas, las moreras, *Osmanthus*, *Vinca*, los celindos (*Philadelphus*), los aligustres, los ciruelos, las robinias, las bolas de nieve (*Symphoricarpos*), los ailantos o los árboles del cielo (*Ailanthus altissima*), los viburnos y las weigelas. Algunas herbáceas resistentes a la contaminación urbana: el lirio azul, la hortensia de invierno, la coreopsis, la crocosmia, el clavel, el nomeolvides, la carraspique (*Iberis*), el geranio, la petunia, el tulipán y la mayoría de los helechos.

Para valorar el suelo, lo primero que necesita es una o dos franjas pequeñas en las que pueda cavar un agujero de unos 45 centímetros de profundidad y de anchura (es posible que tenga que hacerlo de todos modos si dispone de plantas con las raíces expuestas que necesitan que realice con anterioridad esa operación). De esta manera se revelará el perfil del suelo, al mismo tiempo que se comprobará el drenaje.

Los resultados del test preliminar (*véase* recuadro, derecha) pueden ser imprevisibles o, por el contrario, confirmar sus sospechas iniciales. Es posible que encuentre arcilla húmeda muy dura, un suelo fino y seco o, lo más probable, algo a medio camino entre esos extremos. Sus descubrimientos le ayudarán a elaborar la estrategia a seguir y las ideas que ya tenga en mente, al mismo tiempo que le sugerirán métodos para mejorar el estado del suelo.

Si los resultados le parecen deprimentes, recuerde que ningún suelo es totalmente estéril y que la mayoría de las plantas han desarrollado cierta capacidad de enfrentarse a las condiciones más adversas. Asimismo, observe que el suelo pobre suele ser acusado injustamente de inconvenientes que se deben sólo al mal tiempo, a una elección de plantas excesivamente optimista o a los errores en los cuidados.

Test del suelo

1. Cave un hoyo de unos 45 centímetros de profundidad y de anchura.
2. El lado del hoyo revelará un «perfil» que muestra la profundidad de la capa superficial oscura y el tipo de subsuelo, que suele ser más claro y, posiblemente, sólido o plástico si es de arcilla, o arenoso si es ligero y de drenaje libre.
3. Compruebe el drenaje; para ello, vierta dos o tres vasos de agua. Si la tierra tarda varias horas en absorberla, es probable que necesite un sistema de drenaje para evitar el encharcamiento en climas húmedos. Otra opción son los arriates elevados.
4. Mientras la capa superficial permanece húmeda, tome un puñado y apriétela. La arcilla pesada mantiene la forma creada con la mano, resulta pegajosa e incluso se puede alisar con un dedo; el suelo ligero se separa con facilidad en granos sueltos que muestran una textura arenosa.

MEJORAR el JARDÍN URBANO

Ante la creciente movilidad de la población urbana, tal vez sea usted una de esas personas que se ha mudado a una vivienda en la ciudad y dispone de un jardín que desea adaptar a sus gustos personales y a su estilo de vida. Aunque lleve varias temporadas cuidando el mismo jardín, quizás existan zonas que le gustaría remodelar o realzar. Cuando haya sopesado los pros y los contras de su terreno urbano (*véase* capítulo 1), podrá estudiar las diversas opciones para convertir el jardín en un paraíso privado de variedad y comodidad.

PREPARACIÓN PARA LOS CAMBIOS

Aprovechar al máximo un jardín urbano implica ir más allá de las primeras impresiones y estudiar las posibilidades para superar sus carencias y aprovechar sus valores positivos, así como para modificar su aspecto según sus aspiraciones.

Piénselo bien antes de emprender cambios drásticos: las decisiones precipitadas podrían dar lugar a una decepción, a problemas o a gastos innecesarios a largo plazo. Sería más prudente tener en cuenta el futuro, además de las necesidades inmediatas. Los niños y las plantas crecen; las energías y los valores cambian, y su trabajo tal vez implique más tiempo de ocio en casa, aunque también puede dejarle menos tiempo libre para cuidar de una

El jardín es suyo: en su mano está modificarlo y adaptarlo a sus planes y sus preferencias. La mayoría de nosotros queremos organizar el terreno para que pueda ser compartido por las plantas y las personas (véase pág. 38).

exuberante colección de plantas. Es posible que desee llevar a cabo sus planes con cierta flexibilidad y dejar cierto tiempo para la posible evolución de las ideas iniciales.

Empiece planificando el jardín y reconsidere sus sueños desde un punto de vista realista.

Recuerde la conveniencia de implicar a todos los miembros de la familia, e incluir las diferentes necesidades de cada uno desde el principio de manera ordenada.

Equilibre placer y aspectos prácticos: un jardín tiene que ser creado y mantenido, además de admirado.

Si opta por la abundancia en lugar de por la sencillez, asegúrese de que el jardín no termine tiranizándole y que muestre el mejor aspecto posible con el mínimo esfuerzo.

Utilice la lógica para organizarlo, con espacio para una mesa y sillas, un tendedero para la ropa, un lugar para guardar las bicicletas o los juguetes, y otras necesidades familiares.

Limpieza

Si el jardín ha sido utilizado como basurero por los anteriores propietarios, será necesario limpiarlo antes que nada. Clasifique metódicamente los materiales de desecho. Los restos químicos, los plásticos y los tóxicos deben ser trasladados a un punto verde. La chatarra se puede reciclar, aunque algunas piezas se podrían adaptar para cultivar o sujetar plantas, o cubrirlas con ejemplares rastreros para crear un hábitat para aves e insectos. Las piedras y los fragmentos de hormigón pueden servir para crear rocallas, senderos y setos, o muros de mortero seco. Los neumáticos sirven como macetas muy resistentes, columpios improvisados o escalones si se ocultan bien con tierra o escombros. Forme una pila con las ramas desechadas para proporcionar un refugio a los insectos, y prepare compost con todas las hojas, papeles y restos de plantas.

Decida si tiene que elegir entre plantas o juegos, o si dispone de espacio (y ganas) para ambos.

Pregúntese si usted (o un futuro habitante) podría arrepentirse más tarde de un cambio drástico y que no permita la vuelta atrás, como, por ejemplo, cubrir el terreno con hormigón o asfalto.

JUGAR CON EL ESPACIO

Organizar el espacio del que dispone puede parecer un reto abrumador, e incluso frustrante (sobre todo si es largo y estrecho, pequeño y cuadrado, triangular o irregular). Disimular las limitaciones en cuanto a tamaño y forma constituye una combinación de medidas reales y ficticias.

Si se introducen diferentes niveles (*véase* pág. 46), se incrementa el espacio real, sobre todo para cultivar plantas. No obstante, asegúrese de que no resten oportunidades de disfrutar del tiempo libre (para lo cual se requiere una zona abierta nivelada). Las superficies verticales se pueden emplear como apoyo para las plantas, como espacio de almacenamiento y para empotrar asientos. Un parterre elevado podría albergar un estanque, hortalizas y plantas trepadoras a los lados, junto con asientos en los bordes. Las puertas correderas desde la casa ayudan a ahorrar un espacio que podría resultar útil para colocar macetas. Además, permiten que la vivienda y el jardín se fusionen sin por ello desperdiciar el suelo que hay en medio. Decida lo que decida, saque el máximo partido posible al espacio del que dispone.

Existen algunos trucos para crear la ilusión de que se alteran los horizontes y las proporciones, y de que se confunden los límites (que siempre atraen la

El sutil juego entre los bloques horizontales del muro y los toques verticales de los troncos limpios y las esculturas disimula las limitaciones de tamaño y forma de este jardín.

atención y definen de inmediato el tamaño del jardín). Ocultar los muros con plantas y estructuras como enrejados o paneles ayuda a disimularlos; los espejos sugieren que más allá existen espacios secretos, y el uso ingenioso del color puede crear la ilusión de profundidad (pintar una pared alejada en un tono oscuro, por ejemplo, incrementa la sensación de distancia). Para suavizar un espacio angular y eliminar la dificultad que suponen las esquinas y las líneas rectas, introduzca curvas: un estanque, un parterre o una zona pavimentada circular no resulta direccional y centra la atención en su perímetro, con lo que se realza el espacio en lugar de la ubicación del jardín.

Alargado y estrecho

Para desviar la vista del final de los terrenos alargados y estrechos existen varias técnicas. Subdividir la longitud del jardín con pantallas de setos, espalderas, postes o avellanos, sauces o bambú entretejidos logrará crear dos o más «salas» que introducirán un elemento de sorpresa y variedad. Añada una entrada o una abertura en arco a modo de invitación para explorar las zonas ocultas, cada una de las cuales podría destinarse a una actividad distinta (comer, jardín silvestre, juegos o relajación y tai-chi a primera hora de la mañana).

El simple hecho de ampliar los bordes más allá de los lados, hacia el eje central, y plantarlos con arbustos altos puede dificultar la visión del extremo del jardín. Evite los senderos centrales rectos, que siempre acentúan la longitud, y opte en su lugar por una ruta serpenteante o construya caminos a cada lado para reforzar el espacio intermedio. Si oculta el extremo con plantas, un patio elevado con un tramo generoso de escaleras o un cenador cubierto de trepadoras también logrará que la perspectiva sea más reducida.

Pequeño y cuadrado

Los jardines urbanos que en realidad son patios cerrados, enmarcados por límites muy arquitectónicos, necesitan una definida estrategia de diseño para reducir su angulosidad formal. Las plantas representan un importante y versátil elemento para suavizar los muros y añadir variedad estacional: los arbustos altos, los árboles en espalderas y las trepadoras en enrejados ocultarán las superficies vacías y reducirán la sensación de opresión. Puede cubrir paredes enteras con plantas (*véase* pág. 105) para ocultar los límites y mejorar físicamente el ambiente en el interior del jardín.

Pinte los muros despejados con colores claros a fin de maximizar la luminosidad, que suavizará el frío del invierno y el fresco de las tardes con el calor absorbido, y logrará que el jardín parezca más alegre y sugerente. Si añade mosaicos, murales, adornos de pared o elementos acuáticos, también contribuirá a minimizar la geometría de líneas duras.

Cuando instale algún tipo de pavimentación o entarimado, evite repetir la distribución cuadrada de los muros y opte por la diagonal: al girar el eje visual del material de pavimentación y las juntas hacia las dimensiones más largas (de esquina a esquina) se aumenta la ilusión de espacio. Como alternativa, intente incluir líneas direccionales muy definidas en el suelo que partan desde una entrada.

Formas difíciles

Organizar un jardín triangular o irregular requiere un enfoque más experimental si desea crear la sensación de un espacio más grande o más equilibrado. Dibuje el perímetro del jardín en un papel e incluya los elementos que desea conservar o añadir. Recurra al contraste de formas para «romper» el perfil del terreno.

Tal vez prefiera una distribución sencilla y vistosa, por ejemplo, un patio circular dentro de un triángulo y las esquinas para colocar parterres con flores o zonas de almacenamiento, un árbol, un cobertizo o una zona cubierta con sillas y una mesa. La división del terreno en zonas más reducidas y simétricas podría resolver el problema, aunque también existe la opción de incluir un sendero que serpentee suavemente de lado a lado (y que dirigirá la mirada desde un elemento hasta el siguiente).

Visualice el diseño a ras de suelo y a plena luz del día, desde arriba si dispone de una planta superior, y por la noche si piensa instalar iluminación y disponer del suficiente espacio para disfrutar del jardín en ese momento del día. Juegue con las formas hasta que encuentre una distribución satisfactoria. Recuerde que, en los espacios reducidos, la complejidad y el exceso de detalles no suelen proporcionar tan buenos resultados como la sencillez. Es preciso que los planes de construcción y mantenimiento sean realistas, y el diseño elegido debe ofrecer un aspecto atractivo durante todo el año, al mismo tiempo que satisface sus necesidades, tanto actuales como futuras.

La ilusión y el artificio son técnicas aceptables en el repertorio del jardinero: aquí, la hábil colocación de la estructura de madera (atractiva y llamativa en sí misma) apunta de inmediato a un espacio independiente, como una estancia sin paredes.

NIVELES CAMBIANTES

No todos los jardines son llanos y están nivelados: muchas propiedades se hallan construidas en la ladera de una montaña o de un valle; en las zonas montañosas, el terreno puede estar muy inclinado. Los trabajos en terrenos inclinados o irregulares requieren precaución; en cambio, este tipo de lugares ofrece posibilidades únicas.

Los jardines urbanos situados en zonas montañosas suelen ser traseros: el terreno se eleva desde la casa y, por tanto, se encuentra a plena vista (una clara ventaja frente al espacio que desaparece de la línea de visión). Las suaves pendientes ofrecen pocos problemas y se pueden planificar como si fuesen planas, aunque es posible que los senderos tengan que sortear la subida en diagonal o en una serie de escalones bajos por cuestiones de comodidad.

Si el jardín va a ser completamente visible, convendría ocultar el extremo para crear cierta sensación de distancia. Como alternativa, opte por crear un diseño formal que centre la atención en la distribución simétrica, que realzará la forma del terreno en lugar de disimularla y sugerirá orden y control en un espacio irregular.

Los terrenos más inclinados son propensos a perder agua e incluso tierra en caso de lluvias intensas, y pueden llegar a ser inestables si se realizan trabajos de

envergadura. Por tanto, consulte con un profesional antes de poner en marcha cualquier movimiento de tierras. Tal vez sea posible cuidar de un bancal existente a modo de jardín natural y cultivar diversas plantas autóctonas, alpinas o arbustos, además de construir algunos escalones sencillos para mayor seguridad y un acceso cómodo, siempre con el mínimo mantenimiento.

Jardinería en varios niveles

Aunque el terreno sea llano, un cambio de nivel puede introducir un espacio extra para las plantas o para otras actividades. Existe la posibilidad de cavar una zona a nivel del suelo para instalar un estanque o un jardín hundido, con una mesa y sillas en el borde, y utilizar la tierra extraída para cultivar parterres elevados. Asegúrese de no provocar problemas de drenaje ni dañar tuberías u otros servicios subterráneos.

Disponer una serie de parterres escalonados en torno a un jardín llano crea niveles complejos para realizar combinaciones imaginativas a base de plantas trepadoras o un arreglo acuático en cascada.

Si la normativa local y las relaciones vecinales se lo permiten, una casa en un árbol o una estructura de varios niveles puede ofrecer un estimulante espacio de juegos para los niños y grandes oportunidades para cultivar plantas e incluso para instalar una hamaca. En los terrenos hundidos muy sombreados, los parterres elevados y los estantes con plantas más próximos a la luz, así como la colocación de macetas a los lados de los escalones, permiten cultivar plantas en diferentes niveles y suplir la falta de espacio en el suelo.

Las terrazas no tienen por qué ser rectas o regulares para organizar el terreno inclinado de un modo práctico y atractivo. A gran escala son más efectivas cuando siguen el contorno del jardín. Una solución más imaginativa sería construir una forma totalmente contrastante (como la de la fotografía),en la que el terreno más elevado se convierte en un teatral «anfiteatro superior».

Gracias a una serie de parterres en terraza, a lo largo o alrededor del jardín, se pueden conseguir complejos niveles para crear imaginativas combinaciones de plantas trepadoras, rastreras o para colgar o todo un mundo acuático de cascadas.

Terrazas

Una solución radical para una ladera inclinada consiste en remodelarla con una serie de terrazas que recorran la pendiente. Cada nivel se sujeta mediante un muro de contención o una valla con la suficiente resistencia para evitar corrimientos de tierra. Además, deben disponer de un drenaje adecuado en la base. Las terrazas se pueden plantar a modo de jardines colgantes, que permitirán que las trepadoras y las rastreras caigan sobre las paredes, o con arbustos o árboles arqueados y vistosos para disfrutarlos desde abajo.

Instale escalones anchos y seguros para salvar la pendiente, junto con un pasamanos para mayor seguridad. Disponga los espacios de almacenamiento cerca de la casa a fin de evitar subidas innecesarias, pero considere la posibilidad de instalar asientos en la parte superior de la terraza para disfrutar de las posibles vistas.

JARDINES EN BALCONES

Aunque su tamaño puede ser modesto, sin la posibilidad de hacer que parezcan mayores, los balcones ofrecen en realidad una posición privilegiada y un atractivo único.

Estos espacios elevados evitan los problemas que provoca la sombra en los jardines a nivel del suelo, e incluso en el lado menos soleado de un edificio pueden recibir la luz necesaria para que las plantas se desarrollen bien. No se precisa ningún trabajo agotador en la tierra, y en muchos casos se disfruta de una vista espectacular.

La exposición a la intemperie es la principal amenaza, y, en especial, el viento ligado a la altura: podría ser necesario algún tipo de protección permeable o un material en lámina transparente o mate. Otra posibilidad es una espaldera cubierta con plantas trepadoras para evitar malgastar el tan preciado espacio. En verano, el viento y el sol pueden secar rápidamente las macetas, sobre todo las más pequeñas (que también corren el riesgo de heladas en los inviernos muy fríos).

A pesar de todo, un jardín en un balcón puede aportar gran placer, tanto si se trata de un saliente diminuto con un estanque en miniatura, por ejemplo, y un comedero para pájaros, como si ofrece suficiente espacio para poder equiparlo con arbustos, árboles, asientos y otros muebles. Asegúrese de que el material utilizado para el suelo y las

Los balcones presentan tamaños muy diversos: desde plataformas extensas hasta un saliente estrecho detrás de un antepecho. Sin embargo, todos tienen mucho en común: una vista más o menos despejada, luz, exposición a los elementos y la necesidad de cultivar las plantas en recipientes, ya sean parterres elevados amplios (izquierda) o macetas de diseño (inferior).

macetas pesadas no supongan un peligro para la estructura (reduzca el peso añadiendo un material ligero, como vermiculita, al sustrato). Coloque los objetos de más peso cerca de los muros de carga.

Las plantas crecen mejor en recipientes grandes para reducir la frecuencia del riego, una consideración importante si hay que transportar el agua hasta un piso superior. Si disponen de protección, agua y minerales, la mayoría de las plantas de jardín se desarrollarán bien en lugares elevados. Incluso podría incluir algunas hortalizas y plantas aromáticas, o arbolitos y arbustos que aporten privacidad y refuercen la protección contra el viento.

JARDINES COLGANTES

Para disponer de una cortina de vegetación que suavice una fachada urbana sin interés, plante macetas grandes con trepadoras que crezcan libres y deje que cubran la baranda del balcón y cuelguen. Pode la planta una vez al año para que no alcance una longitud desproporcionada. Las plantas vigorosas, en especial las perennes, proporcionarán su encanto durante todo el año, así como alimento a pájaros, abejas y mariposas. Se pueden complementar con anuales de floración estival en cestos colgantes (por ejemplo, guisantes de olor o capuchinas). Entre las trepadoras atractivas figuran la parra virgen (*Parthenocissus*), la vitalba (*Clematis vitalba*), la aristoloquia (*Aristolochia*), el jazmín, *Campsis radicans*, la pasionaria (*Passiflora*), la madreselva y las hiedras.

El agua es un elemento vivo que anima de manera inmediata un entorno urbano sin demasiado interés, tanto si se introduce a modo de hábitat para plantas acuáticas (derecha) como si desempeña el papel de elemento del paisaje que proporciona música, movimiento y reflejos mágicos de día y de noche (inferior).

Antepecho solar

Si su jardín elevado no es más que una jardinera de ventana, puede aumentar su potencial para cultivar plantas y pequeñas hortalizas durante todo el año (siempre y cuando la ventana sea abatible o corredera) con la construcción de un invernadero en miniatura. Prepare una estructura sencilla con una fachada, dos lados y un tejado inclinado con la medida necesaria para que encaje en la jardinera y ocupe toda la ventana. Utilice madera de 25 milímetros y lámina de plástico transparente o paneles acrílicos rígidos y disponga un panel corredero o con bisagras para la ventilación.

AGUA

Los jardines necesitan superficies secas, que sean capaces de aportar comodidad a los accesos y a las zonas de paso y de reunión. Si bien algunos jardineros son reacios a restar espacio a las superficies duras y aprovechan hasta el último rincón para disponer de más espacio de plantación, en las ciudades, la tendencia es, en ocasiones, la contraria: jardines delanteros enteros desaparecen bajo zonas pavimentadas para aparcar y los jardines traseros también se esfuman bajo suelos y superficies de escaso mantenimiento. Además de reducir el mosaico de terreno verde, esencial para el bienestar en la ciudad, un exceso de zonas pavimentadas puede provocar problemas de evacuación del agua de lluvia.

El control del agua de lluvia es un factor decisivo en cualquier jardín. Un terreno con falta de drenaje puede permanecer encharcado durante mucho tiempo, poner en peligro la salud de las plantas y dificultar las actividades al aire libre. Además, es frecuente que provoque humedad estructural. Las superficies duras repelen el agua de lluvia rápidamente en un volumen que fuerza los sistemas de drenaje y provoca inundaciones instantáneas. El clima cambiante tiende a ir acompañado de más episodios extremos e imprevistos.

Todos estos factores apuntan a la necesidad de una estrategia consciente para recolectar, conservar y disponer del agua. Instale desagües en su propiedad. Mire bajo las tapas de las alcantarillas y, si es necesario, vacíe uno o dos cubos de agua para determinar la dirección y el destino de la misma. Mantenga limpios los desagües y evite que sufran daños durante los posibles trabajos de excavación en la parcela.

Este jardín constituye una acertada mezcla de visión imaginativa y organización hábil. Ocupa el centro un paisaje en calma, casi contemplativo, de agua y rocas sobre un prado verde y ondulado (utilice plantas como *Sagina* y *Raoulia*) rodeado de bordes repletos de árboles, arbustos y follaje exuberante de todas las formas y colores.

Para el suelo, no utilice materiales impermeables y restaure los niveles naturales, en especial en los suelos pesados (la arcilla se contrae después de una sequía prolongada, una de las principales causas de los hundimientos estructurales).

Cuando sea posible, incluya en el jardín zonas de tierra expuesta para que la lluvia penetre, y disponga las superficies pavimentadas de manera que drenen hacia esos lechos.

Recoja el agua de lluvia y resérvela para regar. Existen dispositivos que se instalan en las tuberías y los depósitos más grandes por encima o bajo el suelo (es posible que tenga que colocar una bomba) y que pueden servir como recipientes para almacenar el agua. Como alternativa, canalice el agua y el resultado del drenaje de superficie hasta elementos del jardín, como un estanque con una zona para poder sumergir la regadera, el depósito de una instalación de agua que fluye o un jardín de lluvia.

Instale tuberías en cobertizos, porches e invernaderos para poder recoger más agua; cubra los edificios anexos o el porche con una cubierta verde (*véase* pág. 104), que absorbe la lluvia y después la libera lentamente a través de las tuberías.

Crear un jardín de lluvia

Esta sencilla solución integra la gestión del agua en elementos divertidos para el jardín y una zona especializada de plantación. El agua de lluvia se recoge primero de las cañerías y se conduce hasta un tanque. La que sobra se conduce directamente por un desagüe, o a través de uno o más elementos, como una cascada o un pitorro de bambú, hasta llegar a un jardín pantanoso de plantas amantes de la humedad. El posible exceso de agua se elimina por medio de un desagüe. El agua «gris» procedente del uso doméstico (de las coladas y las duchas) se puede reciclar pasándola primero por un depósito con filtrado vertical hasta que llega al jardín de lluvia, a un estanque natural o a un lecho con filtro de carrizos.

MATERIALES DE PAVIMENTACIÓN

Los caminos y las zonas pavimentadas son principalmente elementos funcionales del jardín. La elección del material debe estar determinada sobre todo por la durabilidad y la resistencia al desgaste y a la intemperie. Otras consideraciones que deben tenerse en cuenta son el precio y la facilidad de instalación.

Además, hay que prestar atención a los aspectos prácticos y visuales: por ejemplo, ¿el material que más nos gusta combina con el carácter de los edificios y de la zona circundante? ¿Resultará atractivo, aunque el clima sea húmedo o en los días en que no brille el sol? ¿Puede influir en el resto del plan al reflejar la luz, por ejemplo, o al sugerir

Dependiendo de sus preferencias, su jardín puede ser una zona de ocio pavimentada, de escaso mantenimiento, con parterres y macetas para plantas (derecha) o un espacio para plantas y césped con losas dispuestas para facilitar el paso (superior).

un contraste interesante o continuidad con el paisaje adyacente? Los materiales de pavimentación más habituales son:

Losas Merecen su popularidad porque son muy fáciles de encontrar, permiten cubrir una amplia zona con rapidez y se distribuyen en una importante gama de tamaños para crear arreglos variados, incluidos los diseños curvados, en surcos y aleatorios. Pueden ser de piedra natural (la más cara), de

piedra reconstituida, de terracota, de hormigón (el más barato) o incluso de mármol para lugares especiales y climas cálidos. Colóquelas sobre una capa de arena, encima de un lecho de grava, y tape las juntas con arena, grava, piedra molida o suelo para drenaje.

Ladrillos Cálidos, de color intenso e infinitamente adaptables, es preciso que sean resistentes a las heladas para evitar que se agrieten (sobre todo en las zonas más frías). Los de construcción son los más adecuados para los lugares húmedos, ya que resisten el ataque de las algas resbaladizas. Se pueden colocar planos o de lado, en círculos, en línea recta o en espiga. Los adoquines de piedra son similares en tamaño y forma, pero son más

resistentes y presentan un perfil redondeado. Se deben colocar también sobre un lecho de arena.

Tarima de madera Las plataformas y las pasarelas de madera resultan ideales para los terrenos irregulares, patios y zonas de reunión. Las versiones ligeras son adecuadas para balcones y azoteas. En las zonas húmedas, la madera puede resultar resbaladiza si no se cubre con tela metálica o pintura texturada. La tarima, que se suministra a modo de tablones alargados para clavar o atornillar a soportes o como paneles que se pueden colocar sobre grava, se comercializa en maderas nobles (caras, pero resistentes), cedro resistente a la podredumbre o maderas blandas tratadas a presión. Asegúrese de que el material

Un tramo de escalones puede proporcionar acceso a otro nivel o bien convertirse en un elemento importante del estilo y el ambiente, como en este ejemplo: los amplios escalones de ladrillo aportan un aire de esplendor a la entrada; las plantaciones «descuidadas» a nivel del suelo y el encanto casi frívolo de los rosales altos ofrecen el contrapunto.

Consejos de diseño

Mezcle los materiales con cuidado para evitar una acumulación molesta. Los adoquines de piedra rodeados de un entarimado de madera y las losas bordeadas o separadas por líneas de ladrillos forman combinaciones atractivas.

Todos los conglomerados necesitan unos bordes resistentes para evitar que las piezas pasen a los parterres y a otras superficies adyacentes. Entre los materiales adecuados para ese fin figuran las láminas separadoras para grava, las pizarras, los ladrillos, las tiras flexibles y las baldosas de terracota. Para lograr un aspecto envejecido al instante existe la opción de los materiales reciclados y recuperados. Las losas y los adoquines de piedra habrán desarrollado una pátina; los ladrillos antiguos poseen un encanto rústico especial, y las tarimas de madera habrán perdido su aspecto nuevo.

Utilice superficies modulares, como ladrillos y losas, para redefinir la forma del espacio del jardín. Si alinea los ladrillos a lo largo de un camino, logrará que parezca más ancho; si los dispone en paralelo a los lados (sobre todo si el sendero se estrecha físicamente a medida que retrocede), aumentará la sensación de distancia.

procede de bosques controlados y, siempre que sea posible, opte por tratamientos respetuosos con el medio ambiente.

Materiales sueltos Existe una amplia oferta de conglomerados decorativos y, en general, económicos, que permiten diversos tratamientos para los suelos. Todos se instalan con facilidad y suelen aportar texturas y colores interesantes al suelo del jardín. La grava y los guijarros son fragmentos de piedras que se utilizan con frecuencia en la zona de entrada de los vehículos y en los espacios grandes (en especial, cuando se da prioridad a la seguridad: la grava hace ruido al pisarla; los guijarros son más redondeados y más silenciosos). Las dos alternativas precisan un rastrillado regular para nivelar el suelo; tienden a acumular hojas, tierra y semillas de malas hierbas, y conviene instalarlas sobre una membrana permeable para asegurarse un buen drenaje y la eliminación de las malas hierbas. Para facilitar el paso se pueden incluir piedras pasaderas. Los fragmentos de piedra, cristal y metal forman conglomerados decorativos interesantes para rellenos, bordes y acolchados. La corteza desmenuzada da lugar a una superficie suave y silenciosa para jardines informales.

ESCALONES

El acceso cómodo a diferentes niveles exige la inclusión de escalones, que deben planificarse con atención como elemento de diseño y no como un accesorio sin interés. Los escalones anchos y bajos realzan la importante transición entre niveles y obligan a adoptar un ritmo más lento y relajado.

La sutileza no lo es todo cuando se trata de diseñar un jardín. A veces, merece la pena un poco de caos. Aquí, la tela vistosa de la hamaca y los soportes casi monumentales de madera proclaman el placer de tumbarse al aire libre.

Intente lograr un ascenso constante de 8-15 centímetros de un escalón al siguiente, y un fondo de al menos 45 centímetros para cada escalón. En muchos casos, los escalones amplios y bajos evitan la necesidad de instalar una barandilla. Una posibilidad es construir los escalones con el mismo material que el empleado en el sendero o la plataforma sobre la que se asientan, o tal vez prefiera un contraste para acentuar su presencia.

Si utiliza el jardín por la noche, recuerde que debe instalar algún tipo de iluminación (por ejemplo, focos solares a ambos lados) para evitar accidentes.

ENTRADAS PARA AUTOMÓVILES Y GARAJES

El acceso y el aparcamiento en la parte anterior o a un lado de la propiedad son necesidades habituales e inevitables en las ciudades. Resulta caro sustituir una superficie dura existente, como hormigón o asfalto, pero, en cambio, es ideal para los contenedores o como zona para recoger el agua de lluvia (*véase* pág. 50).

Cuando instale una nueva superficie de acceso o aparcamiento, considere la posibilidad de utilizar un material poroso (absorberá la lluvia y reducirá la velocidad y el volumen del agua que penetre en los sistemas de drenaje). Puede extender grava y guijarros sobre una membrana contra las malas hierbas agujereada en varios puntos para plantar directamente (las gravas más finas son más fáciles de mantener y de igualar con el rastrillo; además, actúan como un atractivo fondo para las plantas más pequeñas). Los ladrillos perforados y las losas parecidas a barquillos también se pueden colocar sobre

arena para plantar en ellos gramíneas o plantas rastreras como tomillos, arenarias, saxífragas y verónicas enanas.

Estudie si es necesario cubrir el suelo por completo: dos filas paralelas de losas en una superficie permeable de césped o grava podrían ser suficiente para los vehículos, o bien una secuencia de piedras o adoquines para crear un camino.

ZONAS DE JUEGOS

Los jardines familiares tienen que disponer de un espacio para las actividades de los niños (a ser posible, al lado de la casa). Algunas posibilidades son una superficie dura para montar en bici y para los juguetes con ruedas, o un arenero, que debe incluir una tapa para mantener el contenido seco y a salvo de perros o gatos. Cuando ya no se utilice, se puede forrar para convertirlo en un estanque o bien emplearlo como parterre para flores u hortalizas.

Para reducir los riesgos de accidentes, evite las superficies duras o rugosas en los espacios donde se puedan producir impactos (cerca de columpios y juegos similares). El hormigón y la grava pueden provocar más daños que la arena lavada, los guijarros muy pequeños, la corteza para zonas de juego (menos astillosa que la normal), las esteras de plástico o los neumáticos granulados reciclados, disponibles en varios colores.

CÉSPED

El césped segado presenta un aspecto impecable, pero el tamaño del jardín y las necesidades familiares determinarán si el césped es una propuesta factible o poco realista. Elija

una mezcla resistente, que soporte los juegos de los niños, o una más delicada si el césped va a ser estrictamente ornamental.

Plantar una parte del césped con bulbos o plantas silvestres puede contribuir a sacar mayor partido al espacio y a reducir el trabajo con el cortacésped (recuerde que necesitará un lugar para guardarlo junto con otros utensilios para el jardín). Si siega determinadas zonas o forma senderos en el césped a diferente altura que el resto logrará que el espacio verde parezca mayor, y también más interesante.

Si no dispone de espacio para el césped a nivel del suelo, considere la posibilidad de instalar escalones, un banco o un asiento cubiertos de césped: córtelo con unas tijeras de podar y salpique parte del elemento elegido con pequeños bulbos, como crocus, ciclámenes,

Fritillaria y narcisos enanos, o con plantas silvestres como prímulas y violetas.

CASETAS Y COBERTIZOS

Por muy pequeño que sea el jardín, debe responder a unas necesidades prácticas, además del disfrute que proporciona. Es posible que necesite espacio para un cubo de basura y contenedores de reciclaje (incluido uno para el compost), un lugar para guardar las herramientas o los juguetes, y algún tipo de tendedero para la ropa.

En muchos casos, existe la posibilidad de ubicar esos elementos prácticos en los rincones, aunque será preciso que tengan un acceso directo y seco. Si esa opción no es posible, agrupe los espacios en una zona de superficie

Aunque los cobertizos son elementos esenciales de los jardines, tradicionalmente se han ocultado en los rincones (algo innecesario). El cobertizo se puede mejorar de manera que proporcione un espacio cubierto para una mesa y sillas, una oficina privada o un taller (izquierda), o bien una casita más imaginativa con jardineras de ventana y postigos incluidos (derecha).

Un cobertizo bien aprovechado

Aunque podría parecer un capricho si el espacio escasea, un pequeño cobertizo ocupa poco espacio y puede resultar muy práctico si se emplea para guardar mobiliario plegable, una segadora, bicicletas, herramientas de jardinería y otros objetos de escaso peso. Instale un banco en alguna de las paredes exteriores, incluya ventanas con jardineras y guíe plantas (ya sean flores, frutales o bien hortalizas trepadoras) en espalderas y alambradas sujetas a las paredes para formar un pequeño cenador. Instale tuberías y canales para recoger el agua de lluvia y cubra el tejado con plantas (*véase* pág. 104) tanto para aprovechar la lluvia como para camuflaje.

dura, cerca de la casa y, a poder ser, separada del resto del jardín mediante plantas o con una valla que la oculte totalmente y que pueda ejercer de soporte para plantas.

El tendedero debe resultar accesible en toda su extensión desde un camino, aunque existen alternativas a pequeña escala (tendederos giratorios o cuerdas plegables) que ocupan menos espacio. Las herramientas y los juguetes (o un cubo para la basura) se pueden guardar en una caseta baja cuyos laterales actúen a modo de soportes para plantas y la cubierta como si se tratara de un sobre de mesa o como superficie de trabajo.

Los invernaderos en miniatura ocupan muy poco espacio; incluso se pueden instalar en un balcón si existe la posibilidad de sujetar la estructura ligera a una pared. Con varios estantes en el interior, uno de esos invernaderos podría albergar un buen número de plántulas y plantas; los que disponen de suficiente altura permiten plantar tomates y otras hortalizas de verano.

LOS LÍMITES DEL JARDÍN

Dependiendo de la zona, el jardín puede incluir un muro alto de ladrillo, hormigón o estuco en uno o más lados; un seto descuidado y viejo o una línea de alambrada nueva con postes de hormigón. Algunos jardines delanteros se delimitan mediante vallas, setos y árboles; otros, con sólo una franja de tierra en un terreno comunitario.

Antes de decidir cualquier cambio, el primer paso debería consistir en averiguar de quién son los límites (suyos, de un vecino o del propietario del terreno) y si existen restricciones legales. Comunique siempre las obras que vaya a realizar y comente sus intenciones a los vecinos para evitar que las relaciones se deterioren.

Si puede construir a partir de cero, las posibilidades serán una valla, un muro o un seto (o una combinación de dos). Instalar una valla resulta más rápido y más económico que construir un muro; además, requiere menos espacio y mantenimiento que un seto (*véase* pág. 97). Las vallas exteriores deben ser resistentes y seguras, mientras que las estructuras instaladas en el interior del jardín o entre vecinos deben ser muy ligeras (por ejemplo, vallas bajas de avellano o una cerca de estacas abierta combinada con plantas de flor o un seto que sustituya a la valla cuando ésta ya no sea necesaria).

Los muros ofrecen privacidad y protección. Aunque su construcción tiene un precio elevado, duran más tiempo y envejecen con elegancia. Las paredes de ladrillo combinan bien con la mayoría de entornos urbanos, a menos que exista una tradición de construcción con un material local (por ejemplo, piedra). Si tiene intención de pintar el muro o de revestirlo con plantas, los bloques ligeros de hormigón ofrecen una buena opción. Asegúrese de que los cimientos son adecuados para la altura y el volumen del muro, y corone la pared con un remate que la complemente bien.

Paredes existentes

En lugar de partir de cero, es muy probable que herede los límites existentes con diferentes necesidades de reformas. Una valla poco resistente o estropeada se puede arreglar o sustituir, mientras que los setos descuidados responden bien a una poda completa.

Los muros antiguos en malas condiciones necesitan bastante más atenciones. Si el acabado presenta algunos desconchones, se puede tratar con un cepillo metálico (y lo mismo ocurre con los ladrillos astillados o con los fragmentos de piedra). Si hay juntas de mortero en mal estado, vacíe aproximadamente 1 centímetro y rellénelas cuidadosamente con una mezcla de arena y cemento en una proporción de 5:1.

El siguiente paso podría consistir en pintar la pared reformada: elija una lechada de cal para los patios de estilo mediterráneo y los lugares soleados, tonos claros o neutros para aumentar la sensación de luminosidad, o colores más oscuros si desea añadir un toque espectacular o lograr la ilusión de que un muro apartado retrocede. Será necesario repintar a intervalos regulares (la frecuencia dependerá del microclima).

Otra opción consiste en cubrir la pared con un enlucido, que se puede dejar liso con una paleta, rugoso trabajado a mano al estilo adobe, o con incrustaciones de mosaicos de vidrio y fragmentos de porcelana.

Si el muro se encuentra en un estado irrecuperable, camúflelo con una valla interior de espalderas, de bambú, de avellano o de sauce, o bien con tablas, postes o incluso traviesas ferroviarias. Los enrejados y las alambradas

Los muros se pueden cubrir o pintar, como en este ejemplo, de manera que actúen como fondo contrastante para las plantas.

Si se utilizan con carácter arquitectónico, las espalderas de madera pueden aportar una exuberancia casi barroca que no necesita más adornos (sobre todo si están pintadas de un color complementario o combinadas con un espejo en trampantojo para añadir profundidad y un toque sorprendente).

El arte de las espalderas

Aunque en ocasiones se consideran un simple recurso de soporte, las espalderas poseen una amplia tradición de usos creativos en la construcción de estructuras ligeras y caprichos ornamentales que aportan altura sin volumen. La forma estándar de madera introduce un sabor agradablemente rústico en los jardines urbanos, además de ayudar a disimular los espacios menos atractivos y de aportar altura. Si busca un aspecto industrial y moderno, utilice tubos de 15 milímetros de cobre o cromo para crear estructuras abiertas e imaginativas, independientes o sujetas a las paredes. Taladre las tuberías para incorporar alambres tensos o cuerda de nailon de colores a modo de relleno de la celosía.

pensadas como soportes de plantas trepadoras deben
fijarse cuidadosamente a la pared con alcayatas
galvanizadas o de acero inoxidable.

Paredes altas

Las paredes excesivamente altas pueden llegar a dominar
el jardín, aunque existen diversas soluciones para reducir su
impacto. Al pintar una pared hasta una altura de 1,5-
1,8 metros, se divide su extensión y se desvía la atención
hacia el suelo.

Una franja de paneles abiertos de enrejado (celosía),
dispuestos a modo de techo simbólico, a unos 2,4 metros
de altura, impedirá ver lo que se quiere ocultar sin excluir el
paso de la luz. No caiga en la tentación de construir una
pantalla más alta que la anchura del jardín, ya que de este
modo sólo reforzaría a sensación de encierro.

MEJORAR LAS VISTAS

Algunos elementos del paisaje urbano no se pueden
modificar, en cuyo caso hay que recurrir a la ocultación,
la distracción o alguna solución ingeniosa. Empiece
por observar bien el entorno: la arquitectura posee su
propia belleza; lo industrial y lo envejecido vuelven a estar
de moda cada cierto tiempo, e incluso lo que presenta un
aspecto casi lamentable puede resultar chic. La vista
existente podría tener más atractivo de lo que cabría pensar
en un primer momento.

El jardín por dentro

Examine el jardín desde la casa, desde cualquier ventana
elevada y desde la entrada (la vista dominante), y fíjese

La naturaleza posee
abundantes formas y
estructuras extravagantes,
y, por ello, las esculturas
encajan bien en el jardín.
Merece la pena probar
con cualquier cosa, desde
una forma geométrica abierta
(página anterior), realizada
con alambre doblado (intente
utilizar cestas colgantes
recicladas), hasta una figura
más elaborada con un
acabado de mosaicos
de vivos colores (derecha).

Espejos

Un espejo situado estratégicamente puede aumentar el espacio al reflejar parte del jardín, que así parece más grande de lo que es en realidad. Aunque se trata de un recurso abiertamente teatral, puede ejercer un efecto sorprendente si se siguen unas sencillas normas.

Evite situar espejos al final de los caminos, donde cualquier sugerencia de un mundo que continúa más allá se vendrá abajo al ver su imagen reflejada.

Entre los lugares idóneos para colocar espejos figuran las paredes medianeras para sugerir la entrada a un jardín secreto, y el extremo de un estanque para duplicar la superficie percibida.

Asegúrese de que el espejo refleje una parte general del jardín: si lo que se ve es una urna, una estatua o algún elemento similar de gran tamaño, la credibilidad se vendrá abajo.

Disimule los bordes del espejo con espalderas, un falso marco de puerta o ventana, o follaje perenne para completar la ilusión.

Combine espejos o baldosas de espejo con escalones y divisiones de adoquines de vidrio para reflejar más luz en los pasos sombríos y en las cajas de escaleras.

¡Y mantenga los espejos limpios para que el resultado sea convincente!

Los espejos en los jardines se utilizan más o menos ocultos para engañar a la vista, pero un enfoque alternativo y más directo consiste en colgarlos en una pared, como un cuadro, para obtener una imagen enmarcada que refleje una vista o una composición especialmente atractiva.

cómo se desplaza la mirada. Si se desvía inmediatamente hacia los límites carentes de interés o encanto, planifique las mejoras en esos puntos: puede ocultarlos con plantas exuberantes o con otros adornos para lograr que el jardín mire más hacia dentro.

Intente añadir esculturas, objetos encontrados, un elemento de agua extravagante o algunos recuerdos, rocas o utensilios que concentren la atención. Sitúe las piezas más grandes en primer plano y las de tamaño más reducido al fondo con el fin de distorsionar la perspectiva. Refuerce el efecto por medio de la decoración de las paredes medianeras de manera que armonicen con el contenido del jardín: cajas de cría para pájaros, una colección de objetos personales, diseños en mosaico que se repitan en el suelo, etc.

Añada plantas que trepen desde parterres a nivel del suelo o que cuelguen desde macetas y cestas colgadas en la pared. Varíe la altura de las plantas que crezcan cerca de la pared para que la línea de visión resulte confusa y se desvíe la atención de los bordes del jardín.

Más allá del límite

Es posible que las estructuras y los elementos que se encuentran fuera del jardín no se puedan cambiar o mejorar. Lo que sí se puede hacer es alterar la vista que ofrecen realzando o bien ocultando su protagonismo en el paisaje.

Si en su jardín penetra un árbol o una trepadora del vecino, la ley le permite cortar o podar hasta la pared medianera o la valla (no obstante, lo más sensato es hablar primero con el vecino y, a su vez, asegurarse de que sus plantas no invadan el espacio contiguo o un paso público).

El espacio para sentarse está
diseñado como una estancia
dentro de otra. Está definido
por su propio marco de setos
y se separa del jardín abierto
mediante una «nube»
de milenramas (*Alchemilla*)
y una empalizada impecable
de árboles jóvenes cuyas
ramas podrán ser trenzadas
en el futuro para formar
un seto aéreo.

El plan estructural de este jardín realza la geometría y la altura, que va desde las esferas topiarias clásicas de boj y las espirales de tejo hasta el seto decorativo y los árboles altos podados para formar un arco de entrada hacia la zona de la mesa.

Las plantas que salgan de los límites y que le gusten como parte del paisaje se pueden «tomar prestadas» visualmente (es decir, permitir que formen parte del esquema global del jardín).

Para ocultar las vistas poco atractivas, plante un árbol o un arbusto alto o aumente la altura del límite si dispone del permiso pertinente. Cambiar la longitud total de un muro no es frecuente; un hastial estratégicamente colocado o un grupo de espalderas pueden ofrecer una solución satisfactoria. La instalación de un elemento contrario, como un mural o un cenador con plantas en la misma línea de visión, podría distraer la atención, pero recuerde la conveniencia de que el estilo y la escala combinen con el resto del jardín. De lo contrario, podría acabar sustituyendo un horror por una monstruosidad visual.

Si los planes para su jardín incluyen la posible obstrucción de una vista atractiva, considere la opción de trasladar los elementos afectados a uno o ambos lados para que enmarquen la escena en lugar de interrumpirla. Podría incluir una abertura en el elemento separador para mostrar una escena atractiva más allá (por ejemplo, abriendo una especie de ventana en un seto topiario o construyendo una estructura circular de madera en una valla o una pared). En un jardín pequeño merece la pena considerar la inclusión de cualquier elemento atractivo que se encuentre fuera; de ese modo, se aumenta la variedad y se crea un nexo con el paisaje general.

PLANIFICAR LA ALTURA

Si aprovecha la dimensión vertical, acabará con las limitaciones del espacio del suelo, dispondrá de mayor capacidad de cultivo, de una mayor sensación de privacidad y de un nexo visual entre el suelo y el cielo. Las opciones son muy variadas. Coloque algunos arbustos o árboles grandes, si es necesario en macetas, como desafío a la escala del jardín. Para conseguir contrastes, sitúe un follaje llamativo contra ángulos arquitectónicos duros. Las plantas en varios niveles alrededor de los lados producen un exuberante bancal de follaje, ocultan os límites y favorecen la privacidad: incluya ejemplares que se arqueen, como arces, abedules y manzanos silvestres, para adornar el espacio superior.

Si los vecinos ven su jardín, considere la posibilidad de tensar alambres resistentes de lado a lado a suficiente altura y guiar plantas caducas con follaje no demasiado denso, como vides y kiwis. Aportarán privacidad y una ligera sombra en verano, además de una luminosidad casi total en invierno. En una azotea, una pérgola podría aportar una tranquilizadora sensación de encierro.

Utilice cualquier elemento a su alcance para crear efectos de luz (farolillos con velas, focos de colores o guirnaldas de luces) y otros accesorios, como móviles sonoros o comederos para pájaros. Utilice paneles suspendidos de policarbonato transparente o de telas de trama abierta para filtrar el viento o para proteger un pequeño rincón especial.

Si también puede ocupar un nivel superior, una los dos mediante plantas altas guiadas en alambres sujetos a la pared (por ejemplo, un peral en abanico

o un rosal trepador vigoroso). Instale jardineras de ventana a juego con plantas colgantes exuberantes para obtener un efecto de cortina.

Convierta un pasillo en un túnel frondoso con soportes o arcos revestidos con glicinas o laburnos guiados: filtrarán el viento, cambiarán la escala de un hueco estrecho entre edificios altos y transformarán un acceso funcional en una acogedora entrada con su correspondiente camino.

ELEMENTOS DE AGUA

El agua en calma o en movimiento aporta un ambiente mágico a cualquier jardín, pero puede convertirse en una influencia especialmente importante y relajante en entornos urbanos, que se caracterizan, en general, por ser opresivamente calurosos, secos o polvorientos. A lo largo de su prolongada historia, muchos jardines urbanos han

incluido estanques, que reflejan las formas y los dibujos de las paredes, los edificios y el cielo, y que favorecen la meditación en calma. El agua que cae o burbujea refresca el ambiente, además de apelar a los sentidos con su energía y sus sonidos (que, en muchos casos, amortiguan, o incluso ocultan, los ruidos molestos del exterior). Recuerde que a los niños el agua les resulta irresistible y que unos centímetros de profundidad pueden ser mortales.

El perfil duro e insistente de las estructuras se combina por la noche con las suaves y fluidas formas de las hojas y los estanques de aguas tranquilas en un estimulante contrapunto de luces y reflejos.

Espacios con agua

Puede tratarse desde un generoso estanque con peces y plantas incluidas, a salvo de cualquier molestia posible, hasta un pequeño cuenco en un balcón para atraer a los pájaros o adornado con flores y velas flotantes. Los diseños más ambiciosos podrían incluir agua en calma en canales poco profundos, artesas o conductos que atraviesen el jardín, o a modo de foso en torno a un patio (iluminado con focos sumergidos, por ejemplo). Incluso se puede planificar todo el diseño del jardín en torno a una gran zona de agua poco profunda con contenedores plantados con plantas acuáticas o marginales.

Agua en movimiento

Añadir una bomba de agua al diseño le permitirá instalar una fuente, una cascada, un géiser, una placa de pared de goteo o un pitorro de bambú como punto focal o como elemento importante del jardín. Debe adaptar el tamaño de la bomba al volumen del agua que tendrá que mover, aunque no será preciso que sea importante: un chorro muy ligero o una película de agua bastan para animar el entorno. Asegúrese de que dispone de instalación eléctrica y recurra a un electricista cualificado para su mantenimiento, o bien utilice elementos solares y de bajo voltaje. En lugar de impulsar agua se puede redirigir a modo de flujo intermitente, canalizada o en tuberías, hasta desembocar en un estanque o un pequeño jardín de lluvia (*véase* pág. 53).

ILUMINACIÓN

La luz artificial puede alterar el ambiente del jardín de manera espectacular al introducir un brillo misterioso,

Estas esferas de piedra
presentan una agradable forma
orgánica que resulta
cautivadora en sus dos
versiones: como fuentes de
burbuja sobre una banda
de conglomerado suelto
(página anterior) y como
escultura que acompaña
a plantas de hojas
espectaculares, sobre todo
cuando se iluminan por la
noche y se logra una armonía
de formas y sombras
(izquierda).

Para lograr una completa libertad y seguridad, las criaturas de la naturaleza prefieren estar totalmente a cubierto mientras se alimentan. Este jardín ofrece la protección de los árboles y la comodidad de la oscuridad húmeda detrás de las macetas.

destacar con toques de luz el entorno o permitirle disfrutar del espacio después del crepúsculo. Cualquier iluminación al aire libre debe ser discreta: un destello sutil resulta más agradable que una iluminación proyectada intensa. Además, se emplea menos energía y se contribuye menos a la ya excesiva contaminación lumínica de las ciudades.

Asegúrese de distinguir entre iluminación primaria (diseñada para iluminar zonas, pasillos y entradas por motivos de seguridad) e iluminación secundaria, que se instala con fines estéticos, para crear ambiente o aportar diversidad al jardín oscuro. La iluminación puede funcionar con energía solar (la almacenan durante el día y se conectan de manera automática por la noche) o mediante la corriente de bajo voltaje conectada a un transformador. En cuanto a los elementos de agua, asegúrese de que todo lo que lleve electricidad sea instalado por un profesional con material impermeable.

FAUNA Y FLORA URBANAS

Es posible que las ciudades no parezcan el hábitat perfecto para las criaturas de la naturaleza, pero en ellas viven numerosas aves, mamíferos e invertebrados (en gran parte gracias a las actividades de jardinería de los humanos). Algunos animales llegan porque han perdido su hábitat o debido al uso de pesticidas en el campo; otros son

predadores, como zorros y halcones, que siguen a su fuente de alimento hasta la ciudad.

Los terraplenes ferroviarios, los márgenes de canales, las calles flanqueadas de árboles y los arcenes de las carreteras ofrecen pasillos seguros hasta el interior de las ciudades y conectan los jardines. Si los uniéramos, estos oasis verdes constituirían la reserva natural más grande.

Su jardín recibirá la visita de pájaros (en especial donde los árboles, los setos o los arbustos grandes oculten su discreta llegada). Entre otros visitantes voladores podrían figurar libélulas, abejorros, escarabajos de agua, mariposas y polillas.

Búhos y murciélagos inspeccionarán su jardín en busca de presas por la noche. Pequeños mamíferos como ratones y musarañas frecuentarán el suelo, junto con sapos, ranas y tritones en los jardines húmedos. La tierra puede albergar una importantísima población de insectos y otras criaturas diminutas, algunas de ellas poco frecuentes o en peligro de extinción.

Estimular la flora y la fauna

Es posible que no disponga de espacio suficiente para un bosque, una zona húmeda o un prado silvestre, pero, sin embargo, la más humilde invitación puede proporcionar resultados inesperados en el entorno.

Unos cuantos geranios o nomeolvides en verano pueden incitar a los colibríes a cazar polillas; un cuenco de agua limpia sobre una mesa o en el extremo de una jardinera de ventana calmará la sed de los pájaros en un clima seco o helado, y una modesta pila de hojas otoñales atraerá a los invertebrados en busca de descanso, aunque también podría resultar un imán para un erizo hambriento.

Para estimular la flora y la fauna, comience por relajar sus hábitos de mantenimiento del jardín: el orden impecable es un defecto humano que rara vez beneficia a animales y plantas. Cierto descuido estudiado, por ejemplo, puede aportar beneficios, porque la descomposición implica a microorganismos que alimentan a criaturas mayores. Recicle los restos de plantas en un montón de compost, que puede convertirse en un refugio estupendo para sapos, musarañas e innumerables bichitos, y distribuya el resultado como un acolchado nutritivo en el que petirrojos, tordos y mirlos podrán revolver.

Reúna las hojas caídas en un montón. Durante el proceso de descomposición se convierten en una reserva natural en miniatura que ofrece refugio en invierno a multitud de criaturas.

Deje las cabezuelas con las semillas para los pinzones hambrientos o agrúpelas en un ramo accesible apartado del paso. Sobre todo, renuncie al uso habitual de pesticidas y fungicidas químicos, puesto que matan por igual a enemigos y amigos, además de destruir la fuente de alimentación de los animales que pretende atraer a su jardín.

Crear minihábitats

El siguiente paso consiste en ofrecer un lugar tentador a los animales con el fin de que puedan alimentarse, criar o descansar.

Apile las ramas de la poda o las que estén secas en un rincón para los insectos que se alimentan de madera, como, por ejemplo, escarabajos, avispas de la madera y moscas-avispa.

Si dispone un montón de piedras y tierra, atraerá a abejas, ratones, reyezuelos, musgo y trepadoras silvestres en la misma medida.

En este jardín respetuoso con la flora y la fauna, los pasillos de follaje continuo proporcionan protección a los animales.

Cultive las plantas muy juntas para crear una zona oscura para los pájaros que se alimentan en el suelo y los mamíferos nocturnos.

Plante trepadoras junto a paredes y vallas para proporcionar refugio y alimento a salvo de los gatos y otros depredadores urbanos.

Cuelgue comederos llenos de frutos secos y semillas para los pájaros.

Instale cajas de cría en lugares seguros, a ser posible durante el otoño, de manera que los pájaros puedan explorarlas antes de que comience la temporada de cría.

Instale un estanque o un espacio con agua para sapos, tritones y diversos insectos acuáticos.

Flores seductoras

Las mariposas y las abejas se sentirán atraídas por su jardín si planta flores productoras de néctar y polen. Entre los mejores ejemplos figuran las neguillas (*Agrostemma*), los cultivares de *Buddleja davidii*, *Caryopteris*, los ceanotos, los acianos (*Centaurea cyanus*), los crocus, las verónicas, los heliotropos, los hisopos, las lavandas, las madreselvas (en especial *Lonicera periclymenum*), las saponarias, los sedos, el tomillo, *Verbena bonariensis* y *Viburnum tinus*.

PLANTAR un JARDÍN URBANO

Un jardín no significa lo mismo para todo el mundo: es un espacio al aire libre para holgazanear, una composición de luz y agua o un lugar donde colocar una cama elástica para los niños. Sin embargo, para muchas personas sugiere de inmediato una misma cosa: cultivar plantas. Incluso el espacio contemporáneo más austero puede adquirir más estilo y carácter con algunos especímenes imponentes. La mayoría de especies de jardín más conocidas crecerán bien en un hábitat urbano, además de otras muchas que aprecian la protección que dicho entorno aporta.

Elegir plantas para poblar el jardín supone la oportunidad de darse el capricho de las flores favoritas: tal vez le apasionen las rosas (siempre satisfechas con la arcilla típica de muchos terrenos urbanos), o puede que prefiera una mezcla de todo tipo de flores en un arreglo informal que imponga la naturaleza, de manera casi desafiante, en un contexto urbano.

EMPEZAR CON LAS PLANTAS

La introducción de las plantas depende de diversos factores prácticos, por ejemplo, la estación del año, la fase en que se encuentran los posibles trabajos preliminares o el diseño del jardín, y si éste ya se encuentra establecido o es un terreno despejado.

Estrategias

Antes de introducir las plantas, párese a pensar cómo va a hacerlo. Existen diseñadores de jardines estupendos, especializados en jardines urbanos, que pueden planificar el espacio y organizar el trabajo. Si no confía en sus propias ideas, podría ser conveniente compartirlas con un profesional que pueda convertirlas en un plan de trabajo.

Tal vez haya visto un esquema que le gusta, en un libro o durante una visita a un jardín (muchos jardines grandes abiertos al público albergan rincones que se pueden imitar en el pequeño jardín propio), y le gustaría adaptarlo a su propio espacio para crearlo a su ritmo.

O quizá prefiera desarrollar una pequeña zona de una vez ie incluir plantas que vaya descubriendo y que se desarrollen satisfactoriamente.

Todos los enfoques son válidos, pero tiene que decidir sin demora cuál le resulta más cómodo y encaja con su disponibilidad de tiempo y energías.

Las plantas con las raíces desnudas deben plantarse en otoño o mientras se encuentran inactivas, ya que la plantación en primavera y verano implica mayor atención al riego (sobre todo en una temporada seca y calurosa). Las plantación a media temporada, sin embargo, podría ser inevitable (sobre todo con algunas hortalizas en una fase crítica de su ciclo vital). Los ejemplares cultivados en macetas se pueden plantar en cualquier momento (teóricamente), aunque cabe actuar con la misma precaución después de la plantación. Las plantas para cultivar en macetas se pueden introducir en el jardín en cualquier momento.

Antes de empezar a plantar, permita que las modificaciones de las estructuras y del terreno se asienten

Cultivar plantas en macetas compensa la carencia de suelo y amplía el potencial del espacio disponible. Explote al máximo esta oportunidad decorativa; para ello, reserve los lugares delanteros para plantas distinguidas o espectaculares, como las hostas (izquierda), *Rodgersia*, el ruibarbo, los helechos o las gramíneas (derecha), todas en las macetas más atractivas.

(sobre todo si ha tratado la madera con protectores o si la tierra se ha trasladado o se ha removido, en cuyo caso necesitará varias semanas).

Pise con cuidado cuando limpie o recorte plantas ya establecidas. En caso de duda, posponga los cambios irreversibles (a ser posible, un año) hasta estar seguro de lo que tiene. Los jardines ya existentes pueden albergar sorpresas: un arbusto no identificado y sin carácter podría mostrarse de pronto con un despliegue de flores; un rincón con un exceso de vegetación podría ser el hogar de tritones, sapos e incluso serpientes, y los bulbos enterrados pueden cobrar vida en casi cualquier estación.

Ante todo, no sea impaciente. Los mejores jardines son el resultado de una evolución, no de una revolución.

Los jardines instantáneos suelen ser banales, rara vez lucen en su esplendor durante mucho tiempo y no tienen en cuenta los cambios mientras las plantas y los gustos evolucionan. Un jardín es, en esencia, una sociedad de plantas, y como todas las comunidades prósperas, necesita tiempo para interactuar y madurar.

RECUPERAR UN JARDÍN DESCUIDADO

A primera vista, limpiar o rejuvenecer un jardín descuidado puede parecer desalentador. Sin embargo, como ocurre con cualquier gran reacondicionamiento, el secreto del éxito consiste en seguir unas fases cuidadosamente planificadas.

En primer lugar, limpie los desechos visibles, los cascotes y la basura (recicle lo que pueda). Posiblemente saldrán más restos a la luz cuando remueva la tierra o una maraña de vegetación.

Decida si va a retirar o a recuperar los árboles. Muchas especies toleran una poda severa, incluso si se reducen a un tocón, y responden con vegetación nueva y vigorosa.

Las coníferas rara vez soportan una poda muy severa, pero sí es posible darles forma para permitir que penetre más luz (véase pág. 31). La eliminación total de un árbol adulto podría exigir la presencia de un especialista, o tal vez pueda talarlo usted mismo en trozos manejables (corte los resultados de la poda en piezas pequeñas y apílelas a un lado; servirán de refugio a escarabajos y pequeños mamíferos).

La mayoría de los arbustos y setos se pueden recuperar mediante una poda severa. Retire los tallos más viejos de los arbustos y acorte los brotes más jóvenes. Recorte por etapas los setos muy crecidos: primero los lados y, al año siguiente, la copa. De nuevo, es probable que las coníferas no respondan al tratamiento, pero cualquier reducción de altura de especies comunes para setos (como el valioso x *Cupressocyparis leylandii*) quedará oculta al cabo de algunos años debido a los nuevos brotes laterales. Si necesita arrancar un arbusto o un seto grande, comience por cortar la copa (deje algunas ramas a modo de apalancamiento) y después utilice un azadón, y no una pala, para extraer las raíces.

Las plantas herbáceas demasiado crecidas podrían conservarse si están sanas. En ese caso, levante los terrones con un rastrillo, divídalos con una pala y replante las piezas más jóvenes en lugares nuevos. Los ejemplares que haya que descartar se pueden arrancar; agite la planta

Los soportes ocultos con ingenio hacen que los estantes de tarima parezcan flotar hasta una plataforma elevada situada en medio de un grupo de palmas, bananeros japoneses (*Musa basjoo*) y especies subtropicales similares para crear un exótico rincón soleado y resguardado.

para que caiga la tierra y deposite las raíces desnudas en el montón de compost. Corte las malas hierbas vivaces con podaderas, una desbrozadora o una hoz y añada lo cortado al montón de compost. Extraiga las raíces con un rastrillo y descarte incluso los fragmentos más pequeños, ya que suelen volver a crecer en el montón de compost (a menos que primero los deje secar al sol o los ponga en remojo con agua para preparar fertilizante líquido).

Otra opción (más lenta) consiste en cortar o segar las malas hierbas a nivel del suelo y cubrir después la zona con plástico negro durante un año para matar las raíces (el eléboro blanco y la correhuela podrían necesitar dos años). Las malas hierbas que crecen entre el pavimento finalmente dejarán de salir si corta cada brote nuevo. Otra solución es tratarlas con un herbicida sistémico, como glifosato.

Si quiere retirar césped, utilice una pala para dividir la zona en pequeños rectángulos; después, levántelos y apílelos como si se tratara de ladrillos. Puede utilizarlos para construir parterres elevados o «macetas» para flores silvestres, o simplemente apilarlos y cubrirlos con plástico negro hasta que se descompongan en un material fibroso que podrá incorporar de nuevo a la tierra al cabo de uno o dos años (en este caso, abra agujeros en el plástico para plantar guisantes de olor o calabazas, que servirán para adornar el lugar mientras tanto).

ELEGIR UN ESTILO

Aunque se tengan en cuenta las limitaciones ambientales, como la sombra o la falta de luz, existe un gran número de plantas para jardines urbanos de todo tipo. No obstante, el jardinero tiene que ser selectivo (algo especialmente necesario cuando el espacio es escaso).

Tome las primeras decisiones en función de principios generales: si va a cultivar flores u hortalizas, por ejemplo, o si va a crear un jardín anárquico y silvestre o un arreglo pausado de especímenes formales. ¿Siente una especial preferencia por perennes de escaso mantenimiento, por una secuencia alegre, pero muy sacrificada de parterres estacionales, o por una mezcla fácil de cuidar?

Un pequeño terreno cerrado puede resultar ideal para crear un tema concreto o un estilo internacional. Entre otras opciones, considere un típico patio japonés en el que se mezclan elementos naturales como rocas, agua, árboles de tamaño reducido, helechos y musgos para formar un paisaje en miniatura en un balcón o en un patio fresco con sombra. Un tema minimalista con materiales de pavimentación innovadores, una iluminación estratégica y plantas esculturales resulta muy efectivo en un entorno industrial inhóspito.

Muchas plantas exóticas y subtropicales resultan idóneas para un patio trasero urbano con mucho sol, igual que especímenes mediterráneos como olivos, romeros, pistachos, felicias, amarilis y *Crinum*. Incluso las plantas de verano, como geranios y fucsias, permanecerán sanas y prácticamente perennes en los jardines protegidos.

Recuerde que las plantas tienen que competir con cualquier otra actividad que se practique en el jardín (tienen que ser robustas si existe la posibilidad de que sufran pelotazos, por ejemplo). Además, requerirán ciertos cuidados básicos, sobre todo si los veranos son secos y se marcha de vacaciones durante varias semanas, o en los inviernos duros en los que no apetece salir al aire libre. Asimismo, deberá tener en cuenta el microclima local (las precipitaciones intensas, el riesgo de heladas ocasionales o las sequías estivales, por ejemplo), así como la orientación del jardín, su profundidad y la duración de la sombra, y la exposición al viento.

Si no tiene experiencia, elija variedades fáciles de cuidar y económicas. Cuando haya adquirido confianza, podrá probar con plantas más temperamentales o sensibles, como los bananeros y los helechos arborescentes.

Un jardín perfumado

Una fragancia persistente puede parecer un sueño agradable, sobre todo en zonas con el aire muy viciado. Existen numerosas plantas aromáticas que se adaptan a cualquier esquema, pero hay que tener cuidado con los excesos.

Al diseñar un jardín que apele a los sentidos resulta muy sencillo cometer el error de incluir multitud de fragancias que acaban chocando o anulándose unas a otras. En cambio, unos cuantos alisos (*Lobularia maritima*) repartidos entre las grietas que separan las baldosas, al sol, son suficientes para perfumar el aire nocturno de un jardín de tamaño reducido con su aroma a miel fresca. Elija unas cuantas plantas de su agrado y asegúrese de que sean compatibles o sepárelas bien, sobre todo las muy perfumadas, como el lirio real (*Lilium regale*) o *Nicotiana alata*. Para lograr el máximo resultado, colóquelas bajo una ventana, junto a una zona de asientos o al lado de un lugar de paso. Algunas plantas desprenden su perfume sólo

Un irresistible despliegue estival de rosas trepadoras cubre un arco de acero tubular y encierra la zona pavimentada como un cenador perfumado. Las macetas de geranios variados situados sobre el banco esperan a ser repartidas por el patio soleado.

cuando se tocan o cuando nos aproximamos mucho, pero a otras les basta con la más ligera brisa. Entre ellas destacan el alhelí amarillo (*Erysimum cheiri*), el macasar (*Chimonanthus praecox*), *Daphne odora*, la corona imperial (*Fritillaria imperialis*), el lirio azul (*Iris germanica*), el celindo (*Philadelphus*), la mayoría de jazmines y madreselvas, los jacintos, las rosas, los alhelíes (*Matthiola*), los lilos (*Syringa*), las mahonias y los lirios de los valles.

LUGARES PARA CULTIVAR PLANTAS

Un jardín establecido ofrecerá, con gran probabilidad, diversos lugares para la introducción de nuevas plantas.

Si el jardín es de nueva construcción, podría tratarse de un terreno recientemente nivelado, en cuyo caso debería dejarse en reposo durante varios meses para que la tierra se asentara. De ese modo experimentará, casi con total seguridad, algún tipo de mejora cuando proceda a la plantación de distintos ejemplares. Si es un lugar con césped, podría delimitarse con arriates de flores u hortalizas: siegue el césped hasta que esté listo para empezar y prepare compost con los restos para añadirlo a los nuevos arriates.

Un patio pavimentado se puede adaptar para cultivar plantas: es suficiente con levantar algunas baldosas,

eliminar la arena o el hormigón y plantar en la tierra que se haya obtenido tras este proceso. Si la superficie es de hormigón o asfalto, trate el jardín como un patio y construya macizos elevados (de al menos 30 centímetros de profundidad, pero con un máximo de 1 metro de altura por una cuestión de comodidad). La madera tratada a presión, las traviesas de la vía férrea, los ladrillos, la piedra y el hormigón prefabricado son materiales adecuados para las paredes. Asegúrese de crear en la base suficientes orificios de drenaje y canalice el agua que salga por ellos hasta un desagüe o un elemento de agua independiente.

Macetas

La distribución más flexible para los jardines con escasa tierra y las azoteas (y la *única* opción para la mayoría de balcones) consiste en cultivar plantas en macetas. Existe una importante variedad de tamaños, estilos y materiales, aunque también puede improvisar con cualquier tipo de recipiente: desde latas de pintura hasta cestas forradas con plástico y un buen drenaje en la base. En los jardines pequeños, las macetas y los recipientes pueden seleccionarse como elementos esculturales por derecho propio y que combinen la función con la forma.

Elija el tamaño más grande posible con el fin de reducir la frecuencia de riego y acolche la superficie con un material decorativo: corteza, cuentas de cristal o piedras y pizarra desmenuzada. De ese modo conservará la humedad, además de adornar la tierra.

Si entierra las macetas pequeñas hasta el borde en recipientes de tamaño mayor con tierra o compost, le resultará más sencillo su mantenimiento en el caso de que haga calor, viento o se produzcan heladas. Recuerde que los recipientes llenos y húmedos resultan pesados: evite sobrecargar los balcones y las azoteas. Si necesita trasladar plantas grandes al interior en invierno o a un lugar más soleado en otras épocas del año, instale ruedecillas en la base de la maceta o colóquelas sobre bandejas con ruedas incorporadas.

MEJORAR EL SUELO

Los jardineros acostumbran a fertilizar las plantas cuando observan que no crecen bien o muestran señales de necesidad, pero la vitalidad de cualquier jardín a largo plazo depende más de fertilizar el suelo de manera regular con materia orgánica, como abono o compost.

Los suelos sanos contienen importantes cantidades de organismos microscópicos que convierten los materiales de desecho en humus, la sustancia fibrosa y esponjosa que aporta a la capa superior de la tierra su color oscuro (además de mejorar la fertilidad y la estructura del suelo). El humus debe nivelarse cada año, ya que la materia prima se descompone en minerales y nutrientes (un proceso que suele acelerarse en las temporadas y las regiones más cálidas).

Las macetas en materiales naturales, como piedra, arcilla y madera, «compiten» con los recipientes pintados a rayas verticales y albergan numerosas plantas nada exigentes: desde perennes como drácenas y bojs topiarios hasta especies estacionales como las violetas y los tulipanes de finales de primavera (página anterior) o el fragante lirio de pascua (*Lilium longiflorum*; inferior).

Plantas para la sombra

La falta de luz natural influye en las plantas de diversas maneras: muchos cultivares variegados se tornan verdes y pierden gran parte de su colorido característico; otros ejemplares simplemente no florecen o crecen altos y débiles en su búsqueda de luz. Alrededor de seis horas de luz al día sería el límite crítico, mientras que la luz indirecta lateral podría servir de cierta ayuda en los rincones más oscuros. Cultive crocus, campanillas, ciclámenes, parietarias, vitadinias (*Erigeron karvinskianus*), *Mentha requienii* y *Oxalis triangularis* para adornar el nivel más bajo, con begonias y nomeolvides en verano. Entre las plantas de media altura recomendables figuran aubrietas, campanillas, dicentras, hostas, hortensias, monardas, *Phlox*, sellos de Salomón (*Polygonatum*), prímulas, pulmonarias, *Schizostylis*, *Tradescantia* y *Tricyrtis*. Junto a las paredes con sombra pruebe con *Akebia quinata* (aquebia), *Cotoneaster horizontalis* (griñolera), *Jasminum nudiflorum* (jazmín de invierno) y rosas como «Gloire de Dijon», «Madame Alfred Carrière» y «Mermaid».

Además de aportar fertilidad, el humus mejora la calidad de casi todos los tipos de suelo: aligera la arcilla, que resulta más manejable y drena mejor, al mismo tiempo que fortalece los suelos ligeros al atrapar la humedad y unir los granos arenosos sueltos en terrones más grandes. El suelo urbano descuidado acostumbra a ser seco y polvoriento, principalmente porque su contenido en humus es mínimo o nulo. Otra característica del humus es su olor agrio cuando se remueve. Se trata de una señal de acidez: las lluvias abundantes en muchas ciudades se llevan el calcio soluble, de manera que el suelo es cada vez más ácido. Esto no supone un problema si desea cultivar rododendros, arándanos, brezos y otras especies que toleran bien ese tipo de suelo, pero muchas plantas (en especial las hortalizas) prefieren suelos neutros o ligeramente alcalinos (lo que significa que hay que añadir cal durante el cultivo). Con los *kits* que se venden en los centros de jardinería para evaluar el suelo podrá medir el nivel de acidez de su jardín. Además, le indicarán cuánta cal debe añadir (el uso generoso de cáscaras de huevo machacadas para mantener alejadas a las babosas también mejora los niveles de calcio). Si el suelo es poco profundo o drena con bastante lentitud, puede evitar los trabajos muy pesados construyendo macizos elevados y llenándolos con una capa superior de tierra de buena calidad. Con esta capa añadida favorecerá el desarrollo de unas raíces fuertes y una mayor retención de agua en caso de sequía; además, conseguirá un drenaje mejor si llueve en exceso.

Fertilidad

A medida que crecen, las plantas consumen los nutrientes almacenados en el suelo. Por tanto, es necesario reponerlos de manera regular para mantener el vigor y la

salud de las plantas. Los fertilizantes químicos pueden satisfacer las necesidades nutricionales básicas, pero no aportan beneficios a largo plazo; es más, su uso continuado suele empobrecer la textura y la estructura del suelo en los jardines urbanos, y su fabricación puede consumir mucha energía o provocar problemas medioambientales.

Muchos jardineros prefieren utilizar materiales orgánicos (como fertilizantes a base de algas, por ejemplo) para las

Para aprovechar al máximo un pequeño terreno urbano, el jardinero tiene que ser en ocasiones artista y artesano.
En este ejemplo, el suelo se ha mejorado hasta poder albergar una exuberante plantación de helechos, gramíneas, bambúes y plantas de follaje vistoso cuyas formas características se funden en un paisaje lleno de imaginación.

plantas de macetas y compost o estiércol para el suelo: acondicionan y mejoran la tierra, además de favorecer el desarrollo de las plantas. El principal problema al que se enfrentan los jardineros urbanos es la disponibilidad de estos materiales. Las bolsas de abono procesado o compost resultan cómodas de manejar, pero su precio es elevado.

La mejor solución consiste en preparar la mayor cantidad posible de compost casero. En algunos lugares se proporcionan compostadores económicos para procesar los restos de alimentos y plantas. Para dar volumen a este material blanco, añada desechos fibrosos, como periódicos rotos, los restos de barrer el suelo, el contenido de la aspiradora y hojas de árboles. Debe procurar mantener cierto equilibrio entre estos materiales «marrones» o ricos en carbono y los ingredientes «verdes» nitrogenados.

Si no dispone de demasiado espacio o sólo puede producir reducidas cantidades, pero regulares, de desechos compostables, considere la posibilidad de utilizar un vermicompostador. Se trata de una cámara compacta y aislada en la que miles de lombrices transforman los elementos añadidos en humus, que sirve como capa superior o para plantar macetas, además de un líquido muy nutritivo que actúa como suplemento. Distribuya estos productos entre las plantas según sus necesidades para obtener los máximos beneficios.

Fertilizantes orgánicos alternativos

Es posible que algún vecino o amigo críe conejos, gallinas o palomas: todos son buenas fuentes de fertilizante concentrado. También pueden facilitarle los restos del césped para mezclarlos con periódicos rotos y obtener así un compost rápido y voluminoso. Las camas de paja y heno (no de madera) de las mascotas domésticas se

En ocasiones, la sencillez es la opción más relajante: en este ejemplo, un seto perenne de fotinia para aportar protección, una hilera de petunias y una palmera destacada en una maceta bastan para crear un entorno agradable y despejado para comer y cenar al aire libre.

pudren rápidamente si se mezclan con materiales verdes, como ortigas o césped. La orina es un fertilizante tradicional rico en nitrógeno; sirve para enriquecer el compost y acelerar el proceso de descomposición. Amontone las hojas caídas de los árboles de su calle: son gratis y se renuevan cada año. Si las guarda en un espacio con tela metálica o bolsas de basura negras perforadas se descompondrán poco a poco y crearán un producto perfecto para mejorar y acolchar la tierra. Prepare abono verde en un rincón vacío; podrá utilizarlo para acondicionar el suelo. El trébol encarnado, la facelia azul, los altramuces anuales y el alforfón son productivos y populares entre las abejas y las moscas-avispa.

Busque componentes para el compost en su localidad: mercados, ultramarinos y restaurantes no tendrán inconveniente en donar las verduras estropeadas y las sobras. Lleve una bolsa siempre consigo y recoja hojas de árboles, ortigas, tierra de toperas, excrementos de animales de granja o helechos secos (ricos en potasa).

Guarde los posos de café y las hojas de té usadas, ricos en ácidos, para añadirlos a la capa superior de tierra y acolchar las ericáceas (les gusta el suelo ácido) en macetas y el terreno en general. Las bolsitas de té usadas se pueden colocar en el fondo de las macetas para tapar los orificios de drenaje.

SETOS URBANOS

Los jardineros tienden a observar los setos con una mezcla de sentimientos. Un seto ocupa más terreno (hasta 1 metro de ancho) que una valla o una pared; tarda varios años en desarrollarse, y requiere poda al menos una vez al año (si se trata de un seto formal, varias veces al año) para mantener su forma.

Por otro lado, se trata de una opción más duradera, más económica y, en general, visualmente más agradable. Ofrece un espacio seguro a los pájaros y proporciona al jardín una protección climática eficaz al filtrar suavemente los vientos intensos.

Dependiendo del tipo de plantas que se utilicen, un seto puede actuar como un límite denso y perenne, como un fondo informal para una colección de plantas herbáceas, o como un elemento colorido por derecho propio si elige especies con flores o frutos vistosos.

Incluso puede crear una mampara móvil «viva», siempre y cuando cultive una hilera de perennes densas como, por ejemplo, boj, verónicas o tejo en una maceta alargada equipada con ruedas.

Para plantar el seto, no adquiera un gran número de plantas de borde en un centro de jardinería: los especímenes suelen ser muy grandes, lo que significa que tardan mucho más tiempo en establecerse, y resultan más caros que las plantas jóvenes pequeñas que podrá adquirir en un vivero especializado. Después de plantar, pode todos los ejemplares (excepto las coníferas) a la mitad de su altura para favorecer un desarrollo sólido y frondoso.

Plantas para setos en jardines urbanos

En las zonas frías y sombrías o contaminadas, opte por hayas, *Cotoneaster simonsii*, *Deutzia*, cultivares de *Euonymus japonicus* (bonetero del Japón), avellanos, acebos, carpes, *Lonicera nitida*, aligustre del Japón, *Prunus cerasifera* (ciruelo rojo), árboles de la cera, espireas o weigelas.

Setos comestibles

Si dispone de espacio, convierta un seto o una pantalla en un elemento productivo: plante frutales o introduzca algunos en un seto mixto existente. Una hilera de frambuesas forma una excelente pantalla para el verano; los groselleros se pueden podar de manera formal y combinan bien con las rosas rugosas; los arándanos se desarrollan muy bien y dan muchos frutos en suelos ácidos, y las zarzamoras sin espinas y las especies híbridas de bayas pueden transformar una valla de tela metálica en una barrera contra el viento ornamental y económica. Intercale estas plantas con ciruelos damascenos, membrillos, manzanos silvestres o almendros cada 3-4 metros para proporcionar variedad a la copa del seto.

En ubicaciones cálidas, más benignas, puede plantar bojs, agracejos, ceanotos, árboles de las pelucas, escalonias, hortensias, lavanda, laurel, *Potentilla fruticosa*, espinos de fuego, romero, rosas rugosas, santolinas y *Viburnum tinus* (durillo).

ÁRBOLES

Plantar árboles en el entorno urbano produce gran satisfacción. Además de la belleza intrínseca que sus flores, frutos, follaje o forma puedan tener, los especímenes cuidadosamente seleccionados son capaces de proporcionar sombra, añadir altura y madurez a plantaciones bajas, ocultar una vista poco atractiva o enmarcar una que resulte interesante.

Ayudan a crear una falsa perspectiva de distancia o tamaño, introducen un aire de formalidad o una encantadora indolencia, y tientan a los pájaros a visitar los comederos.

Las formas de los árboles varían considerablemente: redondeadas, elevadas, esbeltas, lloronas o casi postradas. La enorme variedad existente ofrece una forma o silueta para cada objetivo y ubicación (en especial, en contraste con las líneas rígidas y los ángulos de los edificios). Los ejemplares pueden ser perennes (lo cual incluye a la mayoría de las coníferas) –conservan siempre sus hojas, aunque se desprenden de las más viejas a lo largo del año– o caducos: pierden todo el follaje en otoño y reciben más luz en invierno, además de presentar un fascinante despliegue de ramas desnudas.

Sus inconvenientes son escasos. Las raíces alcanzan como mínimo la misma anchura que la copa, y

Los elementos de madera,
las pantallas de bambú, las
perennes podadas y el
bonsái se combinan
para crear un entorno
típicamente oriental.

Los arces se adaptan bien a los jardines urbanos, en especial el desarrollo contenido y las exquisitas formas de las hojas de los cultivares japoneses como *A. japonicum* y *A. palmatum*. Plántelos sin restricciones y observe cómo las hojas se inundan del color del otoño al final de la estación.

posiblemente compiten con otras plantas por el agua y los nutrientes. Las raíces de las especies más vigorosas pueden penetrar en las tuberías, bajo los cimientos de la casa o en los jardines vecinos si se plantan demasiado cerca de edificios y límites. Las hojas caídas, a pesar de ser un recurso gratuito y renovable para el compost, pueden suponer una molestia si hay estanques o superficies con grava. Algunas de las especies y cultivares más deseables resultan caros y, en ocasiones, tardan mucho tiempo en

Un minibosque urbano

Un recurso probado para introducir muchas plantas en un espacio reducido consiste en imitar la estructura natural en capas de un ecosistema boscoso, donde las plantas ocupan una serie de niveles en una comunidad compatible. El nivel más alto es un dosel de árboles caducifolios que se podan para permitir el paso de la luz hasta las plantas bajas. Entre ellas figura una capa de arbustos rodeados por una selección de vivaces más bajas que toleran la sombra, además de algunas trepadoras que se abran paso hasta la capa de árboles. Esta alta densidad en una distribución armónica proporciona buenos resultados tanto con plantas ornamentales como con una mezcla de hortalizas, hierbas y frutales.

alcanzar un tamaño significativo. A pesar de todo, merece la pena incluir algún árbol en cualquier jardín urbano.

Posibilidades para entornos urbanos

Busque bien el tipo de árbol que va a plantar antes de proceder a su compra. Como cualquier elemento importante del diseño del jardín, el candidato ideal tendrá que satisfacer diversos criterios, y, como habitante longevo y permanente, podría resentirse del posterior traslado si se planta en el lugar equivocado.

No obstante, muchos árboles se desarrollan bien en macetas grandes durante varios años (mientras decide el lugar perfecto y definitivo). Cuando plante en terreno abierto, prepare bien la tierra, arrodrigue los ejemplares altos durante los dos o tres primeros años, y deje a cada árbol una franja de tierra libre de al menos 1 metro en las zonas pavimentadas.

Infórmese antes de la altura y la envergadura potenciales, y de si la vegetación tolerará las podas para mantener un tamaño aceptable.

El aspecto de los ejemplares en los centros de jardinería puede ser engañoso: *Abies balsamea* grupo Hudsonia y *Cedrus atlantica* grupo Glauca, por ejemplo, son coníferas populares y atractivas mientras permanecen jóvenes y compactas, pero la primera alcanza sólo 1 metro, mientras que el cedro azul necesita muchísimo espacio para alcanzar su altura definitiva de 36 metros.

Entre los árboles minoritarios de tamaño moderado figuran el abeto de Corea (*Abies koreana*), el arce de corteza de papel (*Acer griseum*), el guillomo de Lamarck (*Amelanchier lamarckii*), el abedul llorón (*Betula pendula* Youngii), el árbol del amor (*Cercis siliquastrum*), el jabonero de la China (*Koelreuteria paniculata*), *Laburnum* x *watereri* Vossi, el pino blanco japonés (*Pinus parviflora*), el peral de hoja de sauce llorón (*Pyrus salicifolia* var. *orientalis* Pendula), la falsa acacia (*Robinia pseudoacacia* Frisia), el tejo dorado (*Taxus baccata* «Fastigiata Aureomarginata») y numerosos cultivares de manzanos silvestres, cerezos de flor, espinos y serbales.

Si prefiere los frutales, dispone de manzanos, albaricoqueros, cerezos, saúcos, moreras, melocotoneros, ciruelos y membrillos, todos sobre portainjertos enanos que también sirven para guiar en una pared. Los abedules y los serbales se muestran especialmente atractivos si se plantan varios muy juntos para producir un grupo con multitud de ramas.

UN PEQUEÑO HUERTO

Una de las prioridades de muchos jardines urbanos es el cultivo de hortalizas: por ejemplo, en las azoteas de algunos edificios de San Petersburgo (incluido el de la cárcel) o en La Habana, donde las azoteas presentan filas de neumáticos de camiones a modo de macetas repletas de pimientos y tomates. Puede cultivar sus propios alimentos en cualquier lugar, incluso en el jardín más diminuto, y no es más complicado que cultivar flores. Los resultados serán frescos y sabrosos, sobre todo cuando los consuma inmediatamente después de recogerlos.

Un jardín trasero grande puede convertirse íntegramente en un huerto, aunque tal vez prefiera destinar a ese fin una zona más pequeña (a ser posible, cerca de la casa para facilitar la recolección y los cuidados). Si el espacio es reducido, tendrá que ser muy selectivo y cultivar sólo unas pocas plantas favoritas o aquellas que más le interesen

Tanto si se cortan para adornar como si se añaden a los alimentos a modo de ingrediente principal, lo ideal sería cultivar las plantas aromáticas lo más cerca posible de la cocina. La mayoría de ellas crecen bien en macetas junto a la puerta, aunque se desarrollan mejor en jardineras de ventana profundas (el perejil, por ejemplo, puede alcanzar unas proporciones considerables en ese hábitat).

por su frescura (lechugas y plantas aromáticas, por ejemplo). Por su tamaño, algunas variedades resultan ideales para cultivar en macetas, jardineras de ventana e incluso cestos colgantes.

No es recomendable cultivar un huerto en un jardín delantero. Aunque la exposición al plomo y otras sustancias tóxicas se ha reducido con respecto a algunas décadas atrás, el suelo de los jardines situados cerca de carreteras podría contener una serie de contaminantes que serían absorbidos por las plantas.

Para obtener el máximo rendimiento de sus plantas, elija especies decorativas, como guisantes púrpura, espárragos (sirven para arreglos florales), ruibarbo en matas junto a un estanque de aguas tranquilas, o guisantes espárrago (con la vaina de color escarlata).

Los calabacines dorados en un recipiente de color azul intenso o unas acelgas arco iris en macetas vidriadas añadirán unos ligeros toques de color sorprendentes e inesperados. Las hortalizas y frutas que no se encuentran fácilmente en las tiendas también merecen un rincón en el jardín: por ejemplo, grosellas, fresas, col marina o ajos gigantes.

Cultivos que compensan los esfuerzos

Los arándanos crecen bien en macetas grandes con compost ácido, donde se encuentran protegidos de los pájaros. En otoño muestran tonos rojizos maravillosos.

Las zanahorias en macetas de, como mínimo, 45-50 centímetros de profundidad suelen evitar los estragos que provoca la mosca que las ataca. Además, resultan decorativas y al arrancarlas salen alargadas, rectas y limpias.

Las judías verdes pueden adornar un porche en verano con su colorida y productiva planta (es preciso sujetarla a unas cañas altas).

Las vides se pueden guiar sobre alambres tensos para que proporcionen sombra, intimidad y sobremesas frescas a finales del verano.

Hortalizas como los pepinos, los guisantes y las judías se pueden guiar en postes o espalderas y así ahorrar espacio; además, sirven para ocultar una pared o una vista poco atractiva.

Cultive tomates y perejil juntos en cestas o jardineras: aportarán color, un follaje atractivo y una cosecha que no requiere demasiado esfuerzo.

Las higueras producen más frutos si las raíces se mantienen limitadas a un espacio. Por tanto, conviene cultivarlas en macetas y guiar el follaje en alambres para crear una pared verde.

Cubrir las azoteas con plantas resulta beneficioso para los edificios, las personas y la naturaleza en general, pero hay que seleccionar muy bien las variedades: deben tolerar condiciones extremas como la exposición al viento, la sequía y la intensidad de la luz. Entre las gramíneas adecuadas para este fin se incluyen las especies de *Festuca*, *Briza* y *Koeleria*, y las juncias *Carex*.

EDIFICIOS ECOLÓGICOS

Una tendencia al alza en el diseño urbano moderno es utilizar plantas como superficie aislante y decorativa en azoteas y paredes. Además de la comodidad que aportan, los beneficios ambientales son diversos: la vida de los tejados se amplía porque éstos absorben menos calor; la pérdida de calor interior a través de las paredes y los tejados se reduce; los flujos de aire alrededor del follaje refrescan la atmósfera contigua en verano; las plantas captan cantidades considerables de partículas de polvo suspendidas en el aire y, por último, la biodiversidad mejora con el aumento de cavidades para anidar, criar e hibernar.

Para un esquema de este tipo resulta esencial contar con una estructura resistente, ya que hay que tener en cuenta el peso de los materiales de cultivo (sustrato), en especial cuando están húmedos. Pueden suponer un peso añadido de 70-970 kilogramos por metro cuadrado en función de la profundidad: un grupo de sedos y musgos puede desarrollarse en una capa ligera de sólo 2 centímetros de profundidad, mientras que las plantas silvestres herbáceas necesitan nada menos que 15 centímetros de sustrato. Los edificios nuevos se diseñan para soportar estos pesos, pero los antiguos podrían necesitar algún tipo de refuerzo.

Para muchos ciudadanos, existen opciones más prácticas que la azotea del edificio de pisos: un porche, un cobertizo, una terraza, un espacio de almacenamiento o incluso salientes y antepechos.

Las plantas y el sustrato protegen esas estructuras sin alterarlas demasiado, además de controlar el movimiento del agua de lluvia y de realzar el espacio. Las alfombras vegetales presembradas facilitan la construcción y utilizan especies poco exigentes capaces de sobrevivir a las sequías estivales sin necesidad de riego.

Para cultivar su propia alfombra sobre una base preparada, elija musgos, helechos como *Polypodium vulgare* y *Asplenium trichomanes*, y gramíneas como festucas, *Briza*, *Carex*, *Melica* y *Helictotrichon*. Para obtener un extra de color, añada amapolas, gipsófilas, *Linaria* y lino (anuales); saxífragas, sedos, *Sempervirum* y *Euphorbia cyparissias*, todas ellas perennes, en sustratos finos; o alisos, campanillas, claveles, nepetas, pulsatilas, *Sisyrinchium* y tomillos a mayor profundidad. Entre los bulbos adecuados figuran *Crocus tommasinianus*, *Iris pumila* e *I. germanica* (lirio azul), *Muscari neglectum* (nazareno), *Tulipa tarda* (tulipán) y ajos con flores pequeñas como *Allium flavum*, *A. pulchellum* y *A. schoenoprasum* (cebollino).

Paredes verdes

Cubrir con vegetación la fachada de su propiedad puede ser un proyecto más sencillo que cubrir el tejado. Si la pared es sólida, trepadoras que no necesitan sujeción, como la madreselva, la hiedra y la hortensia trepadora, pueden crecer libremente. Sus raíces adhesivas sólo representan una amenaza cuando las juntas de mortero o los enlucidos ya están deteriorados.

En el resto de los casos (y para especies que no se sujetan solas), una estructura en espaldera de aluminio o madera, alambres de acero inoxidable o cuerdas de plástico se sujetan a la pared (distribuidas en vertical o como un enrejado de 50 x 50 centímetros con alcayatas o espaciadores de madera. El objetivo es dejar un hueco de 5 centímetros entre la fachada y los soportes y disponer de un aislamiento y una ventilación correctos.

Plante las trepadoras en macetas grandes o en la tierra a una distancia mínima de 40 centímetros de la pared. En ese espacio, las condiciones del suelo pueden ser extremadamente secas, razón por la que conviene preparar huecos de plantación profundos y con abundante humus añadido.

Entre las trepadoras adecuadas para paredes con sombra figuran la aristoloquia, las clemátides, la hortensia trepadora, la madreselva, el lúpulo y la hiedra (conviene elegir perennes para los jardines más fríos). En el caso de las paredes más cálidas, la selección se amplía para incluir *Campsis radicans* (jazmín de Virginia), rosales trepadores, vides, jazmines, *Parthenocissus* (parra) y glicinas, además de velo de novia (*Fallopia baldschuanica*) en las paredes más grandes.

Algunas de estas trepadoras podrían llegar a cubrir dos o más pisos de altura. Limite las más vigorosas; pódelas antes de que se descontrolen o bien cultive plantas de crecimiento más lento, como ceanotos, *Cobaea scandens*, cotoneaster, cultivares de *Euonymus fortunei* (bonetero rastrero), pasionarias, *Solanum crispum* y *S. laxum* Album, espinos de fuego y *Schizophragma*. Puede guiar en espalderas o en abanico ejemplares de *Magnolia grandiflora*, *Picea omorika* (picea de Serbia) y frutales

En este pequeño jardín delantero, los cuidados se reducen básicamente a la poda y los recortes para controlar el tamaño de las plantas.

como manzanos, albaricoqueros, cerezos, higueras, melocotoneros, ciruelos y membrillos.

CUIDADOS RUTINARIOS

Cuidar de las plantas en la ciudad no exige más esfuerzo que en cualquier otro entorno. De hecho, incluso puede resultar más sencillo si el jardín es un espacio íntimo en el que sólo cuenta con unos pocos ejemplares cuidadosamente seleccionados.

En general, la principal tarea es el riego (sobre todo si tiene muchas plantas en macetas). Puede reducir la frecuencia de riego si forra las macetas porosas con plástico perforado y si añade al compost gránulos que retienen el agua.

Acolche las plantas con materiales sueltos como, por ejemplo, corteza o guijarros, y ponga las macetas más pequeñas a salvo del viento y del sol intenso para controlar la evaporación. Los balcones y los patios son ideales para instalar un sistema de riego automático basado en conductos microporosos o de goteo que se comuniquen con un depósito principal.

En los espacios reducidos, la poda puede ser vital para controlar el desarrollo vigoroso de algunas plantas trepadoras y leñosas.

Cada especie tiene su propia estación adecuada de poda, pero, como norma general, conviene recortar las

Clemátides todo el año

Aporte sombra a las raíces de estas delicadas y versátiles trepadoras, así como una adecuada iluminación en las ramas altas. Además, necesitan agua abundante si el verano es seco. En un jardín urbano protegido proporcionan flores durante todo el año. Si desea disfrutar de ellas en invierno, elija la fragante *Clematis cirrhosa* var. *balearica*. Otras opciones son las variedades alpina, las montanas (de finales de primavera) y variedades de principios de verano como Nelly Moser y Niobe. Los tipos *texensis* y *viticella*, de finales de verano, continúan productivos en otoño (estación en la que las variedades *orientalis* muestran su encanto, que también se prolonga hasta principios de invierno).

plantas ornamentales inmediatamente después de la floración y, en ocasiones, repetir una poda ligera mientras se encuentran inactivas (en caso de que sea preciso darles forma o limitar el desarrollo). Los frutales guiados se podarán, a ser posible, a mediados de verano; de ese modo se estimularán las cosechas posteriores. Un repaso en invierno servirá para limitar el tamaño y la envergadura.

Problemas de las plantas

En general, las plagas y las enfermedades que afectan a las plantas urbanas son las mismas que las que atacan en el resto de entornos. Sin embargo, cuando la cantidad de plantas es menor, su efecto puede parecer más nefasto.

Las condiciones protegidas y muy cálidas fomentan que las plagas permanezcan activas durante todo el invierno o que aparezcan antes en primavera, aunque sus predadores naturales también estarán en activo durante más tiempo (sobre todo si los alberga en su jardín; *véase* recuadro, inferior derecha). El azufre presente en el aire urbano contaminado mantenía a raya los ataques de hongos; no obstante, cabe destacar que en las zonas con el aire más limpio se observa un aumento de enfermedades como la mancha negra del rosal.

Resulta muy sencillo alarmarse excesivamente ante la perspectiva de problemas. Todas las plantas son susceptibles a algún tipo de enfermedad o plaga, pero la incidencia será insignificante si se desarrollan fuertes. Las plantas robustas toleran muchos problemas y sólo se ven realmente afectadas si el ataque es grave, a diferencia de las plantas más débiles.

Puede reducir los problemas si extrema los cuidados: evite el exceso y la falta de riego y de fertilizante, la aglomeración y el retraso en la poda, y divida o sustituya las plantas viejas o enfermas.

Elija bien las variedades, plántelas en el lugar adecuado y en el momento óptimo del año, y revíselas con frecuencia para detectar la mínima señal de problemas. Fomente la presencia de predadores naturales; para ello, cree hábitats, como un pequeño estanque, alimento y agua para aves insectívoras y lugares de hibernación para sapos y moscas-avispa.

Si, a pesar de todo, surgen problemas, identifique la causa: podría ser inherente si la planta se encuentra en un lugar húmedo, oscuro, caluroso o ventoso. A continuación, decida qué solución va a tomar. Algunos insectos, como la cigarrilla espumadora, suponen más una molestia estética que una amenaza real. Sin embargo, es posible que tenga que actuar de manera implacable: en un pequeño jardín urbano no hay espacio para plantas en mal estado. Aísle a la afectada para proporcionarle los cuidados intensivos que necesita, y, si no muestra señales de recuperación, deshágase de ella.

Algunos problemas, como los virus, son incurables; otros, como la roya del geranio, resultan difíciles de controlar en las variedades susceptibles

Por último, evite el uso de remedios químicos siempre que sea posible, ya que en su mayoría también afectan a organismos benignos.

Aliados naturales

Los insectos predadores encuentran presas incluso en un patio casi cerrado, pero llegarán antes si favorece su presencia. Además de proporcionarles lugares para que pasen el invierno, cultive muchas plantas con néctar para alimentar a los adultos. Con el fin de ampliar su actividad en una temporada más prolongada, incluya abundantes variedades de floración temprana o tardía, como *Anemone blanda*, *Bergenia*, crocus, verónicas, eléboros, hiedras, *Limnanthes*, azafrán silvestre, aster silvestre, sedos, clavel de poeta, alhelíes y acónitos de invierno.

Aumentar la diversidad es
una medida saludable: aquí,
las vivaces herbáceas se han
reforzado con jardineras
y maceteros de plantas
estacionales, como geranios
de hoja de hiedra, margaritas
y nomeolvides blancas,
cinerarias de hojas plateadas
y *Lotus berthelotii* (pico
de paloma).

ÍNDICE

Los números de página en *cursiva* remiten a las ilustraciones